Límites de la Libertad de Expresión:

Discurso de Odio vs. Libertad Democrática

King Rojo

DEDICACIÓN

A todos aquellos que creen en el poder del discurso abierto,
ya quienes se esfuerzan incansablemente por defender los valores de la
democracia.

Que esta exploración del intrincado equilibrio entre la libertad de expresión
y la prevención del daño
inspirar conversaciones reflexivas, decisiones informadas y un futuro
basado en la inclusión y la comprensión.

Su dedicación a los ideales de la libertad democrática sirve como un faro de
esperanza,
guiándonos a través de las complejidades del discurso de odio y su impacto
en las sociedades.

Este trabajo está dedicado a usted, con gratitud y admiración.

King Rojo.

CONTENIDO

Expresiones de Gratitud   i

Introducción   1

1   Desenredando el Enigma - Entendiendo la Libre Expresión   9

2   Navegando los límites - Definición del discurso de odio   21

3   Encontrando el Equilibrio - Los Valores Democráticos y sus Límites   33

4   Acto de Equilibrio - El Principio del Daño   45

5   El panorama legal: marcos para regular el discurso de odio   57

6   La Lente Cultural - Contexto Cultural y Discurso de Odio   69

7   Desentrañando la web: las redes sociales y el odio en línea   81

8   Guardianes de la información - Ética de los medios y el periodismo   93

9   Iluminando Mentes - Educación y Contradiscurso   105

10   Lecciones de la realidad: estudios de casos y ejemplos del mundo real   117

Trazando un Rumbo – Conclusión   129

EXPRESIONES DE GRATITUD

Escribir un libro es un viaje que requiere el apoyo, el estímulo y las contribuciones de numerosas personas. Mientras reflexiono sobre la finalización de "Los límites de la libertad de expresión: el discurso del odio frente a la libertad democrática", me siento honrado y agradecido por las muchas personas que han desempeñado un papel fundamental en la realización de este trabajo.

En primer lugar, me gustaría expresar mi más profundo agradecimiento a mi familia, cuyo apoyo y comprensión inquebrantables han sido mis pilares de fortaleza a lo largo de este esfuerzo. Su aliento y confianza en mis aspiraciones han sido una fuente constante de motivación.

Con el más profundo aprecio,

King Rojo

INTRODUCCIÓN

DESAFIANDO EL EQUILIBRIO

LA REALIDAD FRACTURADA DE LA LIBRE EXPRESIÓN

En una era en la que las cámaras de eco del discurso digital amplifican la cacofonía de las voces humanas, el campo de batalla de la libre expresión ha adquirido un matiz siniestro. Este libro, "Límites de la libertad de expresión: Discurso de odio versus libertad democrática", atraviesa el barniz de idealismo que a menudo encubre las discusiones sobre la libertad, revelando las inquietantes fallas donde convergen y chocan los pilares de la libertad democrática.

En medio de la altísima retórica de los valores de la ilustración y el derecho santificado de decir lo que uno piensa, se encuentra el lado oscuro de nuestro experimento social. Nos enfrentamos a la cruda verdad de que el campo de batalla de las ideas no siempre es virtuoso, ni sus participantes son nobles. El campo de batalla se ha transformado, donde las armas no son solo palabras, sino ideologías que alimentan el miedo y los prejuicios, socavando los cimientos mismos de la cohesión democrática.

Este libro se embarca en una incesante excavación de la ambigüedad moral inherente al ámbito de la libre expresión. La frase en sí, "libre expresión", evoca visiones de intrépidos buscadores de la verdad y defensores apasionados. Sin embargo, a medida que la era digital nos impulsa a territorios desconocidos, debemos reconocer los paisajes más turbios donde la libertad de expresión se convierte en un discurso de odio, que divide a las sociedades, siembra la discordia e infringe los mismos principios que pretende defender.

En los capítulos que siguen, diseccionamos los matices de una sociedad que lucha con sus propias contradicciones. Deconstruimos los elevados ideales que se encuentran en la encrucijada de la libertad y la seguridad, donde el veneno del discurso del odio encuentra refugio bajo el paraguas de los derechos individuales. Examinamos las complejidades de los marcos legales que tropiezan con la línea entre censurar la incitación y preservar la integridad de la democracia.

No espere narraciones endulzadas aquí. Prepárate para la cruda confrontación con una realidad en la que el derecho a ofender se esgrime como arma y como escudo. Examinaremos cómo la tecnología, a menudo aclamada como precursora del progreso, se ha convertido en cómplice involuntaria de la difusión del odio. Probaremos la noción misma de democracia, cuestionando si es lo suficientemente robusta para soportar el peso de sus propias contradicciones.

Esta exploración no es para los débiles de corazón. Mientras pisamos el terreno traicionero entre los principios democráticos y el pozo negro del odio, lidiamos con la disonancia que surge cuando las libertades sagradas traicionan su propósito. Prepárate para enfrentar verdades incómodas y revelaciones inquietantes. Esté preparado para cuestionar sus propias convicciones mientras ponemos al descubierto las complejidades que surgen cuando los ideales democráticos se atascan en el atolladero del odio.

A través de esta lente crítica, buscamos no solo diseccionar las complejidades de esta sinfonía discordante, sino desafiarnos a nosotros mismos y a nuestra sociedad a enfrentar lo incómodo, escudriñar las paradojas y forjar un camino a seguir que no se inmuta al reconocer la fragilidad de la libertad democrática frente a la expresión desenfrenada.

Te invitamos a sumergirte en un discurso que cuestiona los límites de la libertad de expresión, que escudriña las oscuras grietas donde los ideales democráticos flaquean y que, en última instancia, nos desafía a redefinir el delicado equilibrio entre la libertad de expresión y el tapiz cohesivo de la sociedad democrática.

Con un ojo crítico y la determinación de confrontar las tensiones tácitas, lo invitamos a embarcarse en este viaje hacia los "Límites de la libertad de expresión: discurso de odio versus libertad democrática".

Deconstruyendo el Mito - La Dudosa Virtud de la Libre Expresión en Democracia

En el gran teatro de los ideales democráticos, el concepto de libertad de expresión se erige como un pilar de virtud incuestionable. Los adherentes se vuelven elocuentes sobre el poder transformador del discurso abierto, elogiándolo como el elemento vital de las democracias prósperas. Pero no nos apresuremos a abrazar esta narrativa de virtud inquebrantable sin someterla al escrutinio que merece.

La frágil fachada del equilibrio

Los defensores de la libertad de expresión sin restricciones a menudo hablan de un equilibrio en el que las ideas chocan y la verdad prevalece. Pintan un cuadro de discusiones sólidas que forjan la sabiduría colectiva, como si el mercado de ideas funcionara con la precisión de un juez imparcial. Sin embargo, debajo de esta noble retórica yace una fachada frágil, fácilmente destrozada por las realidades de la psicología humana y los sesgos sistémicos.

La noción de que todas las voces tienen la misma posición en este mercado es inherentemente errónea. Las disparidades socioeconómicas, el acceso desigual a las plataformas y los desequilibrios históricos han inclinado la balanza. Si bien la retórica podría romantizar la noción de un espacio igualitario, la realidad es mucho más insidiosa, con voces marginadas que luchan por penetrar el discurso dominante.

Armamento del habla

Además, el adagio tantas veces repetido de que "las palabras nunca pueden doler" ignora el poder del habla como arma. El discurso de odio y el vitriolo, envueltos bajo el velo de la libre expresión, pueden infligir heridas que trascienden el ámbito físico. La línea entre la disidencia y el peligro, la crítica y la incitación, es precaria, y aquellos que esgrimen el discurso como arma son muy conscientes de esta ambigüedad.

El daño causado por el discurso de odio desenfrenado repercute en toda la sociedad, dividiendo a las comunidades y fracturando la unidad misma que la democracia debe fomentar. Mientras que los campeones de la expresión absoluta abogan por la santidad del discurso desinhibido, ignoran el hecho de que las palabras pueden provocar violencia, fomentar la discriminación y perpetuar la opresión.

La ilusión de la neutralidad

La libertad de expresión a menudo se presenta como una fuerza neutral, un lienzo en blanco sobre el que se pueden pintar todos los matices del pensamiento. Sin embargo, esta neutralidad es ilusoria. El acto mismo de definir los límites de la expresión requiere juicios de valor, y esos juicios están moldeados por las normas y dinámicas de poder prevalecientes. La creencia de que el marco de la libre expresión es imparcial es un perjuicio para la compleja interacción entre los prejuicios sociales y la configuración del discurso.

El "mercado de las ideas" no es un foro prístino donde reina la racionalidad suprema. Está influenciado por la emoción, el prejuicio, la desinformación y la manipulación. Como tal, el acto de defender la libertad de expresión en nombre de la democracia requiere un reconocimiento más profundo de los sesgos y distorsiones inherentes que se infiltran en este mercado.

Las sombras proyectadas por el miedo

Finalmente, es fundamental enfrentar las sombras proyectadas por el miedo bajo el disfraz de la libre expresión. La presión para ajustarse a las narrativas dominantes, el efecto escalofriante sobre las voces disidentes y la supresión de las perspectivas minoritarias desmienten la noción de un espacio democrático abierto. Cuando el precio de expresar una opinión se convierte en la seguridad, el sustento o el bienestar de uno, el concepto de libertad de expresión se transforma en un privilegio al que solo pueden acceder aquellos que están aislados de las repercusiones de sus palabras.

Al desmantelar el mito de la virtud infalible de la libertad de expresión dentro de la democracia, no estamos abogando por la censura o la supresión de diversas perspectivas. En cambio, debemos adoptar una comprensión más matizada que analice la asimetría de las voces, la armamentización del discurso, la ilusión de neutralidad y las sombras del miedo.

La democracia prospera cuando lidia con sus propias paradojas, desafía sus propios supuestos y confronta sus propias contradicciones. La creencia en la naturaleza inviolable de la libertad de expresión no requiere una lealtad ciega, sino una evaluación crítica, que reconozca las complejidades, tensiones y responsabilidades inherentes a la interacción entre el discurso y la democracia.

Mientras navegamos por el intrincado paisaje de la expresión y su relación con la democracia, no rehuyamos la incomodidad que surge cuando los ideales se ponen a la luz del escrutinio. La búsqueda de la verdad exige nada menos que la voluntad de diseccionar críticamente los cimientos sobre los que descansan nuestras sociedades democráticas.

Desentrañando la cuerda floja: el dilema de equilibrar la libertad y el daño

En el gran teatro de los valores democráticos, la interacción entre la libertad y el daño ocupa un lugar destacado que revela las complejidades del tejido moral de una sociedad. El capítulo titulado "El dilema: el equilibrio entre la libertad y el daño" empuja esta delicada cuerda floja al fulgor implacable del examen crítico, obligándonos a enfrentar los dilemas éticos que surgen cuando salvaguardar las libertades individuales choca con la prevención de infligir daño a los miembros vulnerables de la sociedad.

Libertad: ¿un ideal sin restricciones?

La esencia misma de la libertad democrática se basa en la noción de que las personas deben estar facultadas para expresar sus pensamientos, creencias y agravios sin temor a represalias. Sin embargo, ¿qué sucede cuando este derecho sagrado se extiende más allá del reconocimiento, lo que permite la propagación del odio y la discriminación? La narrativa de la libertad de expresión sin restricciones, cuando se lleva a su extremo lógico, allana el camino para una sociedad donde el odio prospera y las comunidades marginadas se dejan valer por sí mismas en un mar de vitriolo.

La idea de la libertad como ideal inexpugnable ruge bajo el peso de sus propias contradicciones cuando no reconoce que la ausencia de constricciones puede conducir a la supresión de voces ahogadas por la cacofonía del odio. La carga de la prueba no debe recaer en quienes son objeto de daño, sino en quienes utilizan el discurso como arma, explotando la misma libertad que dicen proteger.

La paradoja de la vulnerabilidad de la democracia

La vulnerabilidad de la democracia radica en su potencial para ser explotada por quienes utilizan la libre expresión como arma para erosionar sus cimientos. La paradoja surge cuando los extremistas explotan los espacios democráticos para defender ideologías que, de materializarse, en última instancia socavarían los valores democráticos que permitieron su difusión. El desafío se vuelve evidente cuando las sociedades democráticas se ven obligadas a considerar la cuestión de si salvaguardar las herramientas de su propia desaparición potencial puede alguna vez ser justificable.

El dilema se profundiza cuando consideramos las líneas borrosas entre un mercado genuino de ideas y la manipulación subversiva del discurso. La defensa de las ideologías extremistas bajo la bandera de la libertad de expresión es un arma de doble filo, que no solo pone a prueba los límites de la resiliencia de la democracia, sino que también expone sus vulnerabilidades inherentes a la subversión.

Las dimensiones éticas del daño

A medida que se desarrolla el discurso sobre la libertad de expresión, se vuelve imperativo reconocer las dimensiones éticas del daño que puede causar un discurso desenfrenado. Las consecuencias de tal daño repercuten en la sociedad, envenenando la cohesión social y perpetuando las mismas desigualdades que la democracia busca rectificar. El concepto de daño se extiende más allá del peligro físico inmediato para abarcar el trauma psicológico, la discriminación sistémica y la erosión de la confianza pública.

La democracia no es una construcción abstracta divorciada de las experiencias vividas por sus ciudadanos. La noción de libertad democrática debe evaluarse no solo por sus méritos teóricos sino también por su impacto en el mundo real. En esta evaluación, la balanza se inclina hacia el reconocimiento de la responsabilidad ética de prevenir el daño en lugar de preservar un ideal equivocado de expresión absoluta.

Enfrentando el dilema

Mientras analizamos el intrincado equilibrio entre la libertad y el daño, debemos enfrentar la tensión que surge cuando los valores democráticos están en desacuerdo con las consecuencias de la expresión desenfrenada. Debemos lidiar con el hecho de que la protección de las sociedades democráticas puede requerir la imposición de limitaciones a las mismas libertades que defienden. El capítulo "El dilema: el equilibrio entre la libertad y el daño" nos obliga a preguntarnos si la búsqueda de una libertad perfecta merece el sacrificio de quienes sufren bajo su sombra.

Al navegar por este terreno, se hace evidente que la preservación de los valores democráticos no requiere una adhesión ciega a los absolutos, sino una voluntad de enfrentar las decisiones difíciles que surgen cuando la libertad se convierte en cómplice del daño. El capítulo sirve como una invitación a explorar el terreno en el que chocan los elevados ideales y las duras realidades, un terreno que exige una evaluación crítica de los límites de la libertad de expresión frente al daño potencial al tejido de las sociedades democráticas.

1

Desenredando el Enigma - Entendiendo la Libre Expresión

El concepto de libertad de expresión se erige como piedra angular de las sociedades democráticas, celebrado como el conducto a través del cual florecen las ideas, se nutre el progreso y se defiende la autonomía individual. Sin embargo, el capítulo titulado "Comprender la libertad de expresión" tiene como objetivo revelar las capas de complejidad que envuelven esta noción aparentemente sencilla. A través de una lente crítica, nos embarcamos en un viaje para deconstruir los matices de la libre expresión, revelando sus dimensiones multifacéticas y exponiendo las sombras que arroja sobre el panorama democrático.

El espejismo de la libertad absoluta

La idea de la libertad absoluta de expresión como un ideal intocable es un espejismo que oscurece la intrincada red de consideraciones sociales, culturales y éticas que sustentan este derecho. Si bien la retórica puede defender la ausencia de restricciones, la realidad es que ninguna sociedad opera en un vacío sin responsabilidad. La pregunta no es si deben existir limitaciones sino dónde trazar la línea entre la preservación de las libertades individuales y la prevención de daños.

El capítulo se sumerge en los límites éticos que deben sortearse al otorgar el privilegio de expresión. Al reconocer que el ejercicio de la libertad de expresión afecta inevitablemente a otros, nos vemos obligados a confrontar las limitaciones que están inherentemente entrelazadas con la noción misma de democracia.

La paradoja de la inclusión y la exclusión

En el ámbito del discurso democrático, surge la paradoja cuando la protección de una voz resulta en el silenciamiento de otra. El principio del debate inclusivo depende de la creencia de que se deben escuchar todas las perspectivas. Sin embargo, el mismo acto de legitimar narrativas dañinas bajo el paraguas de la libre expresión puede resultar en la exclusión y marginación de aquellos cuyas voces son ahogadas por la ola de odio.

Este capítulo busca desmantelar el mito de la neutralidad dentro del ámbito de la expresión. Subraya que el acto de amplificar ciertas voces inherentemente quita poder a otros. Por lo tanto, la paradoja de la inclusión y la exclusión nos obliga a lidiar con el dilema ético de cómo mantener un mercado diverso de ideas mientras se salvaguarda el bienestar de los afectados por el discurso dañino.

Contexto Cultural y Valores Universales

La afirmación de que la libertad de expresión opera de manera uniforme en todas las culturas y contextos ignora la intrincada interacción entre los valores universales y los matices de las culturas locales. El capítulo navega por la zona gris donde el relativismo cultural choca con la universalidad de los derechos humanos. Subraya que si bien los valores pueden diferir, la responsabilidad de prevenir daños sigue siendo constante.

Al comprometernos críticamente con el argumento de que el contexto cultural debe excusar la expresión dañina, revelamos la incómoda verdad de que no todas las expresiones culturales merecen el escudo de la libertad absoluta. En esta exploración, descubrimos las limitaciones que deben imponerse a la expresión para mantener la integridad de las sociedades democráticas.

La interacción de las dinámicas de poder

Una faceta no examinada de la libre expresión radica en su susceptibilidad a la manipulación por parte de las dinámicas de poder. Aquellos con privilegios y autoridad poseen la capacidad de ejercer la libertad de expresión de manera que consoliden aún más su dominio, a menudo a expensas de los grupos marginados. Este capítulo profundiza en las complejidades de los desequilibrios de poder que influyen en quién puede hablar, qué se escucha y qué voces se suprimen sistemáticamente.

Al desafiar la noción de que la libertad de expresión existe en un vacío, exponemos la incómoda realidad de que el derecho a hablar libremente no se distribuye por igual. Este capítulo retira las capas para revelar cómo la libertad de expresión se puede utilizar como arma para perpetuar las desigualdades sistémicas y refuerza el imperativo de imponer restricciones al discurso que perpetúa el daño.

Enfrentando la Complejidad

"Comprender la libertad de expresión" es una invitación a confrontar la complejidad que surge cuando los ideales democráticos se cruzan con las realidades de sociedades diversas e interconectadas. A través de una exploración crítica del espejismo de la libertad absoluta, la paradoja de la inclusión y la exclusión, el contexto cultural y las dinámicas de poder que dan forma a la expresión, nos equipamos con las herramientas para comprometernos con la libertad de expresión en su totalidad.

Al reconocer que la libertad de expresión, cuando no se controla, puede convertirse en un vehículo para el daño, asumimos la responsabilidad de navegar por el terreno donde florece la democracia mientras salvaguardamos el bienestar de todos los miembros de la sociedad. El capítulo sirve como guía para comprender que los parámetros de la libertad de expresión, lejos de ser restricciones asfixiantes, son los hilos esenciales que tejen el tapiz de la libertad democrática.

Desenredando la Web: el concepto de libertad de expresión en las sociedades democráticas

El concepto de libertad de expresión se ha convertido en un sello distintivo de las sociedades democráticas, reverenciado como piedra angular de la autonomía individual y emblema del progreso social. Sin embargo, a medida que profundizamos en el capítulo titulado "Concepto de libertad de expresión en las sociedades democráticas", revelamos una red de complejidades que desafían las narrativas simplistas que rodean este preciado ideal. A través de un examen crítico, desentrañamos los intrincados hilos que conforman el tapiz de la libertad de expresión, exponiendo las tensiones, contradicciones e implicaciones que se encuentran debajo de su superficie.

El espejismo de la autonomía absoluta

La noción idealizada de autonomía absoluta en la expresión a menudo pasa por alto el intrincado ecosistema en el que opera el habla. El capítulo profundiza en la creencia equivocada de que la expresión desenfrenada conduce a la iluminación sin restricciones. Ilumina la paradoja que surge cuando la autonomía individual se transforma en la justificación para difundir el odio, la intolerancia y las falsedades.

Al reconocer que la libertad de hablar viene con la responsabilidad de navegar su impacto en la sociedad, exponemos el espejismo que perpetúa la autonomía absoluta. Exploramos los espacios donde la proliferación desenfrenada de discurso dañino socava los mismos valores democráticos que pretende defender.

La vulnerabilidad de la democracia

En las sociedades democráticas, el concepto de libertad de expresión es un testimonio de la creencia de que un sólido mercado de ideas conduce al crecimiento social. Sin embargo, la vulnerabilidad de la democracia se hace evidente cuando este mercado es secuestrado por quienes explotan su apertura para incitar a la violencia, la discriminación y la división. Este capítulo desafía la noción de que la libertad de expresión conduce inherentemente al bienestar democrático, invitándonos a confrontar la paradoja de que un sistema diseñado para proteger diversas voces también puede ser manipulado para socavar sus propios principios.

A medida que analizamos la vulnerabilidad de los ideales democráticos, exponemos la necesidad de discernimiento y equilibrio para salvaguardar tanto el derecho a expresarse como el derecho a proteger la integridad de las sociedades democráticas.

La responsabilidad de la verdad

La afirmación de que la libertad de expresión puede actuar como un mecanismo de autocorrección, donde la verdad emerge de la colisión de ideas, descuida el papel de la desinformación, las cámaras de eco y la manipulación. El capítulo profundiza en la responsabilidad ética inherente a la expresión, enfatizando que la búsqueda de la verdad requiere un compromiso con el discurso honesto.

Al reconocer que las falsedades pueden sembrar las semillas de la discordia y perpetuar el daño, desafiamos la creencia de que la expresión sin filtros conduce invariablemente al progreso social. Exploramos la interacción entre la responsabilidad por la verdad y la necesidad de equilibrar los derechos individuales con el bienestar de la sociedad.

Relativismo Cultural y Universalidad

En un mundo globalizado, el concepto de libertad de expresión a menudo se examina a través de los lentes del relativismo cultural y los derechos humanos universales. El capítulo navega por el paisaje donde la diversidad cultural se cruza con la universalidad de los valores democráticos. Se ahonda en las tensiones que surgen cuando la protección de las expresiones culturales choca con el imperativo de prevenir daños.

Al comprometernos críticamente con el argumento de que el contexto cultural debe proteger del escrutinio las expresiones dañinas, subrayamos la importancia de definir un marco ético común que reconozca tanto la diversidad cultural como los principios universales.

Enfrentando la Complejidad

"Concepto de libertad de expresión en sociedades democráticas" nos invita a confrontar la complejidad inherente a la libertad de expresión dentro de los marcos democráticos. A través de una lente crítica, hacemos añicos las ilusiones de la autonomía absoluta, exponemos las vulnerabilidades de la democracia, subrayamos la responsabilidad con la verdad y navegamos la tensión entre el relativismo cultural y la universalidad.

A medida que navegamos por este terreno intrincado, reconocemos que el concepto de libertad de expresión no es estático; evoluciona junto con las sociedades a las que busca servir. Al comprometernos con las complejidades y los desafíos que surgen, nos equipamos para abordar las tensiones y contradicciones que dan forma a los límites de expresión dentro de las sociedades democráticas.

Rastreando el Linaje - Raíces Históricas y Evolución de la Libre Expresión

El capítulo titulado "Raíces históricas y evolución de la libre expresión" emprende un recorrido por los anales de la historia humana, ahondando en la génesis y transformación del concepto que hoy se erige como eje de las sociedades democráticas. Al examinar críticamente los orígenes, los cambios contextuales y los fundamentos ideológicos, descubrimos las complejidades que han dado forma a la evolución de la libre expresión y ofrecemos una perspectiva de los desafíos contemporáneos que ponen a prueba sus límites.

Orígenes: un nacimiento tumultuoso

La noción de libre expresión no surgió completamente formada; surgió como un producto polémico de luchas sociales y dinámicas de poder cambiantes. Este capítulo confronta las narrativas románticas que rodearon el nacimiento de la libertad de expresión, revelando las paradojas que surgieron cuando las voces de los marginados fueron silenciadas en nombre de la preservación del orden social. El capítulo reformula la narrativa, desafiándonos a reconocer que la trayectoria de la libre expresión no fue un ascenso suave sino un camino turbulento marcado por el conflicto y la contradicción.

La huella de la Ilustración

La era de la Ilustración a menudo se idealiza como la época que dio a luz el ideal de la libre expresión. Sin embargo, nos enfrentamos a las sombras proyectadas por la misma época, donde las nociones de libertad a menudo eran selectivas y excluyentes. Este capítulo critica la noción de que la era de la Ilustración fue un faro monolítico de progreso y, en cambio, revela sus complejidades al resaltar las contradicciones que coexistieron junto con los ideales de libertad y razón.

Al comprometernos con el legado de múltiples capas de la Ilustración, obtenemos una apreciación más profunda de los matices históricos que han influido en la evolución de la libre expresión.

Transformaciones en la Era Digital

El advenimiento de la era digital ha anunciado cambios sin precedentes en el panorama de la libre expresión. El capítulo profundiza en las complejidades de un reino digital donde los límites de la expresión se confunden, donde florecen las cámaras de eco y donde las dinámicas de poder del mundo fuera de línea se replican y amplifican. La noción romántica de una utopía digital se yuxtapone con la realidad de los espacios digitales que perpetúan el odio, la desinformación y la polarización.

Al examinar la transformación de la libertad de expresión en la era digital, nos enfrentamos a la tensión entre el potencial de un discurso democratizado y la proliferación de un discurso dañino. El capítulo nos invita a navegar por un terreno desconocido donde las lecciones históricas se reinterpretan en el contexto del ámbito digital.

Adaptarse a los desafíos contemporáneos

La trayectoria histórica de la libre expresión no es una narrativa estática; es un ente vivo que debe adaptarse a los desafíos de cada época. Este capítulo aborda las tensiones contemporáneas que ponen a prueba los límites de la expresión: el ciberacoso, las noticias falsas, el discurso de odio y la colisión de valores culturales en un mundo interconectado. Subraya que las raíces históricas de la libre expresión están entrelazadas con su capacidad para evolucionar y responder a la dinámica siempre cambiante de la sociedad.

Al confrontar los desafíos contemporáneos que han surgido como resultado de los cambios sociales, reconocemos que las raíces históricas de la libre expresión deben recalibrarse para navegar por las complejidades de la era actual.

Enfrentando las Complejidades

"Raíces Históricas y Evolución de la Libre Expresión" nos invita a confrontar la evolución multifacética de una idea que ha sido tanto fuente de liberación como herramienta de opresión. Al comprometernos críticamente con los orígenes, los cambios ideológicos y los desafíos contemporáneos, descubrimos las capas que han dado forma a la trayectoria de la libre expresión.

A medida que rastreamos el linaje de la libre expresión, reconocemos que las raíces históricas no se limitan al pasado; continúan influyendo en nuestra comprensión, nuestro discurso y nuestro enfoque para equilibrar las libertades individuales con el bienestar de la sociedad. Este capítulo sirve como una exploración de las complejidades que surgen cuando las raíces históricas se cruzan con la evolución de los valores democráticos en un mundo que cambia rápidamente.

Mirando más allá de las fronteras - Perspectivas internacionales sobre la libertad de expresión

En el mundo cada vez más interconectado en el que vivimos, el capítulo titulado "Perspectivas internacionales sobre la libertad de expresión" sirve como una exploración transcultural de las diversas interpretaciones y aplicaciones de este valor democrático fundamental. A través de una lente crítica, atravesamos el panorama global, examinando las diversas formas en que las sociedades lidian con las complejidades de equilibrar las libertades individuales con los imperativos de preservar la armonía social y proteger a las comunidades vulnerables.

Relativismo Cultural y Principios Universales

El choque entre el relativismo cultural y los derechos humanos universales está en el centro de los debates internacionales sobre la libertad de expresión. Este capítulo profundiza en las complejidades que surgen cuando diversas normas culturales se cruzan con la universalidad de los valores democráticos. Desafía la noción de que la cultura puede usarse como carta blanca para legitimar el discurso dañino, subrayando la importancia de mantener estándares éticos que trascienden las fronteras culturales.

Al confrontar la tensión entre el relativismo cultural y los principios universales, navegamos por el delicado equilibrio que debe lograrse para garantizar que la libertad de expresión respete la dignidad y el bienestar de todas las personas, independientemente de su origen cultural.

El desafío de la globalización digital

La era digital ha disuelto las fronteras tradicionales, dando lugar a un reino digital globalizado donde las ideas pueden propagarse instantáneamente a través de los continentes. Este capítulo aborda las complejidades de un mundo en el que las plataformas en línea trascienden las limitaciones geográficas, lo que permite la proliferación tanto del discurso esclarecedor como del discurso dañino. Profundiza en los desafíos que enfrentan los organismos internacionales para regular el espacio digital respetando los diversos contextos legales y culturales de las diferentes naciones.

Al examinar el impacto de la globalización digital en la libertad de expresión, nos enfrentamos a la urgente necesidad de desarrollar marcos internacionales que puedan abordar la naturaleza transnacional del discurso en línea y preservar la autonomía de las naciones individuales.

Equilibrio entre democracia y seguridad

Las perspectivas internacionales sobre la libertad de expresión a menudo subrayan el intrincado equilibrio que debe lograrse entre las libertades democráticas y los imperativos de seguridad. Este capítulo analiza las tensiones que surgen cuando la libertad de expresión se utiliza como pretexto para la incitación, el terrorismo o la difusión del odio. Examina críticamente cómo varias naciones lidian con el desafío de prevenir daños sin sofocar la disidencia legítima.

Al navegar por las complejidades de equilibrar los ideales democráticos con las preocupaciones de seguridad, revelamos el imperativo de desarrollar marcos legales matizados que protejan tanto las libertades individuales como el bienestar social.

El papel del derecho internacional y las normas

Los organismos y acuerdos internacionales juegan un papel fundamental en la configuración del discurso en torno a la libertad de expresión. Este capítulo profundiza en la influencia del derecho y las normas internacionales, desde la Declaración Universal de los Derechos Humanos hasta los instrumentos regionales de derechos humanos. Examina los éxitos y las limitaciones de estos marcos para fomentar un consenso global sobre los límites de la expresión.

Al comprometernos con las perspectivas internacionales sobre la libertad de expresión, reconocemos el potencial de las normas compartidas para cerrar las brechas culturales al tiempo que respetamos los diversos valores de las diferentes sociedades.

Enfrentando las complejidades globales

"Perspectivas internacionales sobre la libertad de expresión" nos invita a confrontar el intrincado tapiz que surge cuando los valores democráticos se entrecruzan con las diversas realidades culturales, legales y tecnológicas del mundo. A través de una exploración crítica del relativismo cultural, la globalización digital, el equilibrio entre democracia y seguridad, y el papel del derecho internacional, obtenemos una visión panorámica de los desafíos y oportunidades que surgen al discutir la libertad de expresión en un escenario global.

A medida que navegamos por las complejidades globales, reconocemos que la conversación en torno a la libertad de expresión se extiende más allá de las fronteras nacionales: abarca las obligaciones éticas que las sociedades comparten para preservar los valores democráticos y salvaguardar el bienestar de sus ciudadanos y la comunidad internacional en general.

2

Navegando los límites - Definición del discurso de odio

El capítulo titulado "Definición del discurso de odio" es una exploración rigurosa de la intrincada tarea de delinear los límites entre la expresión protegida y el discurso dañino. A través de un examen crítico, profundizamos en las complejidades y desafíos inherentes a la definición del discurso de odio en el contexto de las sociedades democráticas. Este capítulo nos invita a confrontar la naturaleza esquiva del discurso de odio, los matices culturales que dan forma a su interpretación y las implicaciones de estas definiciones tanto en las libertades individuales como en el bienestar social.

La pendiente resbaladiza de la definición

Definir el discurso de odio resulta ser un esfuerzo resbaladizo, ya que los límites entre la expresión ofensiva y la retórica dañina suelen ser confusos. Este capítulo desafía la suposición de que el discurso de odio puede categorizarse rígidamente, ahondando en las paradojas que surgen al determinar qué constituye daño. Al examinar las trampas de intentar codificar una amplia gama de expresiones bajo una sola etiqueta, enfrentamos el desafío de preservar las libertades democráticas mientras nos protegemos contra la propagación del odio.

Matices Culturales e Interpretación

El capítulo profundiza en la influencia de los contextos culturales e históricos en la interpretación del discurso del odio. Examina cómo las expresiones consideradas odiosas en una cultura pueden considerarse aceptables en otra, y cómo la noción de discurso de odio puede utilizarse como arma para reprimir la disidencia legítima o las voces minoritarias. Al explorar la delgada línea entre el relativismo cultural y los estándares universales, reconocemos la necesidad de un enfoque matizado que respete las diversas perspectivas y evite la amplificación del discurso dañino.

El Acto de Equilibrio de los Marcos Legales

Los marcos legales juegan un papel crucial en la configuración de la definición de discurso de odio dentro de las sociedades democráticas. Este capítulo examina críticamente los desafíos que enfrentan los sistemas legales en su intento de lograr un equilibrio entre salvaguardar las libertades individuales y proteger a los grupos vulnerables. Destaca las tensiones que surgen cuando las definiciones legales son demasiado amplias, lo que podría infringir el discurso legítimo, o demasiado estrechas, y no abordan adecuadamente las expresiones que incitan a la violencia o la discriminación.

Al abordar las complejidades de los marcos legales, enfrentamos el imperativo de elaborar una legislación que respete los principios de la democracia y al mismo tiempo prevenga la erosión de la cohesión social.

Impacto en la democracia y la sociedad

La definición de discurso de odio tiene inmensas consecuencias para las sociedades democráticas. Este capítulo analiza cómo la interpretación del discurso del odio puede fomentar un discurso democrático inclusivo o facilitar la propagación del odio y la división. Subraya la necesidad de navegar por el delicado equilibrio entre la protección de los grupos marginados y la preservación de las libertades democráticas.

Al examinar las implicaciones del mundo real de definir el discurso de odio, reconocemos la responsabilidad de forjar definiciones que contribuyan a la mejora de la democracia en lugar de su desmoronamiento.

Enfrentando la Complejidad

"Definiendo el discurso del odio" nos invita a confrontar el intrincado enigma de trazar líneas claras alrededor de las expresiones que incitan al daño.

Al examinar críticamente la naturaleza resbaladiza de las definiciones, las influencias culturales, los marcos legales y el impacto social, lidiamos con las complejidades que surgen cuando los valores democráticos se cruzan con la necesidad de prevenir daños.

A medida que navegamos por el desafío de definir el discurso de odio, reconocemos que la solución no radica en sofocar el discurso sino en elaborar definiciones que logren un cuidadoso equilibrio, reconociendo la naturaleza diversa de la expresión y salvaguardando los cimientos de la libertad democrática.

Navegando los límites: definición del discurso de odio: consideraciones legales y éticas

El capítulo titulado "Definición del discurso de odio: consideraciones legales y éticas" profundiza en la intrincada interacción entre las definiciones legales y las dimensiones éticas en la búsqueda por demarcar los contornos del discurso de odio dentro del marco de las sociedades democráticas. A través de una lente crítica, navegamos por las complejidades de elaborar definiciones que defiendan las libertades individuales mientras protegen a las comunidades vulnerables, examinando las tensiones que surgen cuando la precisión legal se cruza con el imperativo moral de prevenir daños.

El desafío de la precisión

Definir el discurso de odio dentro de los marcos legales requiere un difícil equilibrio entre precisión e inclusión. Este capítulo desafía la suposición de que se puede formular una definición clara y universalmente aplicable de discurso de odio. Se adentra en las trampas de las definiciones demasiado restrictivas que corren el riesgo de sofocar el discurso legítimo, así como las definiciones demasiado amplias que pueden infringir la expresión protegida. Al explorar la paradoja de lograr precisión en un ámbito caracterizado por la subjetividad, enfrentamos el desafío de elaborar definiciones legales que respeten la naturaleza multifacética de la expresión.

Dimensiones éticas del daño

El capítulo profundiza en las consideraciones éticas que sustentan la definición de discurso de odio. Examina las implicaciones del discurso dañino en los grupos marginados, la cohesión social y la erosión de los valores democráticos. Al comprometernos críticamente con la responsabilidad ética de prevenir daños, reconocemos que la preservación de las libertades democráticas requiere una comprensión matizada del impacto que la retórica del odio puede tener en las personas y las sociedades.

Equilibrar los derechos individuales y el bienestar social

Las definiciones legales del discurso de odio a menudo se sitúan en la encrucijada de los derechos individuales y el bienestar social. Este capítulo navega por las tensiones que surgen cuando los valores democráticos de la libre expresión chocan con la obligación ética de prevenir la diseminación del odio. Explora las complejidades que enfrentan los sistemas legales en su esfuerzo por lograr un equilibrio entre proteger a los grupos marginados y preservar la autonomía de las personas para expresar opiniones disidentes.

Al comprometernos con los desafíos de equilibrar los derechos individuales y el bienestar social, enfrentamos el imperativo de fomentar un espacio democrático que nutra el discurso mientras protege contra la amplificación del discurso dañino.

Matices culturales y contexto

El capítulo profundiza en los matices culturales que dan forma a la definición de discurso de odio en diferentes sociedades. Examina los desafíos que plantea el ámbito digital global, donde las expresiones pueden atravesar fronteras culturales con facilidad. Al explorar las intersecciones entre el relativismo cultural y los estándares éticos universales, reconocemos la necesidad de definiciones que respeten las diversas perspectivas y al mismo tiempo prevengan la propagación del daño.

Enfrentando la Interacción

"Definiendo el discurso del odio: consideraciones legales y éticas" nos obliga a confrontar la intrincada red tejida entre la precisión legal y los imperativos éticos. A través de una exploración crítica de los desafíos de elaborar definiciones que equilibren los derechos individuales, el bienestar social, los contextos culturales y las responsabilidades éticas, obtenemos información sobre la compleja tarea de navegar por los límites del discurso del odio dentro de las sociedades democráticas.

A medida que navegamos por esta interacción, reconocemos que las definiciones de discurso de odio se extienden más allá de la jerga legal; abarcan las obligaciones éticas que las sociedades democráticas comparten para fomentar un entorno que respete la autonomía individual y salvaguarde el bienestar colectivo.

Revelando el Espectro - Tipos de Discurso de Odio: Del Sesgo Implícito a la Hostilidad Abierta

El capítulo titulado "Tipos de discurso de odio: del sesgo implícito a la hostilidad abierta" se embarca en una exploración exhaustiva de las manifestaciones multifacéticas del discurso de odio en el contexto de las sociedades democráticas. A través de una lente crítica, diseccionamos el espectro del discurso de odio, desde los matices sutiles de prejuicio implícito hasta el reino descarado de la hostilidad abierta. Al examinar los matices y las consecuencias de cada categoría, enfrentamos las complejidades de identificar, abordar y mitigar las diversas expresiones que socavan los principios de la libertad democrática.

Sesgo implícito: revelando el prejuicio inconsciente

El discurso de odio a menudo acecha debajo de la superficie, escondido dentro de los recovecos del sesgo implícito. Este capítulo profundiza en las manifestaciones del discurso del odio que se derivan de prejuicios y estereotipos inconscientes. Desafía la idea errónea de que el discurso de odio es únicamente abierto y de confrontación, destacando cómo el lenguaje sutil y las microagresiones pueden perpetuar el daño al reforzar la discriminación sistémica y marginar a grupos que ya son vulnerables.

Al abordar la naturaleza insidiosa del sesgo implícito, reconocemos la necesidad de confrontar no solo las expresiones abiertamente hostiles, sino también las corrientes subyacentes de prejuicio que dan forma a nuestro discurso.

Lenguaje codificado: un velo de negación plausible

El lenguaje codificado es una herramienta estratégica utilizada para encubrir mensajes de odio en términos aparentemente inocuos. Este capítulo examina críticamente las técnicas lingüísticas que permiten que el discurso de odio eluda la detección, lo que permite a los proveedores de intolerancia evitar la rendición de cuentas. Explora cómo el lenguaje codificado explota las lagunas en las definiciones legales y sociales, perpetuando ideologías dañinas mientras bordea los límites del discurso aceptable.

Al desentrañar las complejidades del lenguaje codificado, enfrentamos la necesidad de una mayor vigilancia y el desarrollo de marcos que aborden no solo las expresiones explícitas sino también las veladas del odio.

Odio en línea: el abismo digital

La era digital ha abierto nuevas vías para que prolifere el discurso de odio. Este capítulo profundiza en los desafíos únicos que presenta el odio en línea, donde el anonimato, las cámaras de eco y los algoritmos alimentan la rápida difusión del discurso dañino. Examina críticamente el potencial de las plataformas en línea para amplificar y normalizar el discurso de odio, al mismo tiempo que explora la tensión entre la preservación de la libertad digital y la prevención del daño digital.

Al confrontar las profundidades del abismo en línea, reconocemos la urgencia de desarrollar estrategias para reducir la propagación del discurso de odio en el ámbito digital sin infringir el potencial del discurso abierto.

Hostilidad abierta: cruzando la línea

En el extremo del espectro se encuentra la hostilidad abierta, donde el discurso de odio pasa de un sesgo implícito y un lenguaje codificado a amenazas flagrantes y llamados a la violencia. Este capítulo examina críticamente las implicaciones éticas y legales de las expresiones que incitan al daño, desafiando los límites de la libertad democrática cuando el mismo acto de expresión socava los principios en los que se basa esa libertad.

Al comprometernos con el ámbito inequívoco de la hostilidad abierta, reconocemos el imperativo de equilibrar la preservación de la libertad de expresión con la necesidad de evitar la propagación del discurso que amenaza directamente el bienestar de las personas y la sociedad en general.

Enfrentando el espectro

"Tipos de discurso de odio: del sesgo implícito a la hostilidad abierta" nos obliga a confrontar el espectro completo del discurso de odio, que va desde los sesgos sutiles que impregnan nuestro discurso hasta las amenazas manifiestas que socavan los valores democráticos. A través de una exploración crítica de los prejuicios implícitos, el lenguaje codificado, el odio en línea y la hostilidad abierta, obtenemos información sobre las diversas expresiones que ponen a prueba los límites de la libre expresión dentro de las sociedades democráticas.

A medida que navegamos por este espectro, reconocemos que la lucha contra el discurso de odio no es simplemente un esfuerzo legal; es un imperativo ético que exige vigilancia, educación y compromiso para fomentar un entorno en el que se defiendan las libertades democráticas mientras se confronta y desafía la retórica dañina.

Desenredando los hilos - Impacto del discurso de odio en individuos y comunidades

El capítulo titulado "Impacto del discurso de odio en los individuos y las comunidades" profundiza en las profundas consecuencias del discurso de odio dentro del intrincado tejido de las sociedades democráticas. A través de una lente crítica, exploramos los efectos de gran alcance que el discurso dañino inflige sobre las personas, las comunidades marginadas y la cohesión social que sustenta los ideales de la libertad democrática. Al examinar el costo emocional, psicológico y social del discurso de odio, nos enfrentamos al imperativo de reconocer su capacidad para erosionar los cimientos sobre los que se asienta la democracia.

Daño psicológico: heridas invisibles

El discurso de odio deja cicatrices indelebles en la psique de sus objetivos, infligiendo trauma emocional y angustia psicológica. Este capítulo examina críticamente cómo la perpetuación de los estereotipos, la degradación y las amenazas contribuyen a crear un clima de miedo y ansiedad entre las personas objetivo. Al relacionarnos con las experiencias vividas por los afectados, revelamos las heridas ocultas que el discurso de odio inflige al bienestar mental.

Al confrontar el impacto psicológico del discurso de odio, reconocemos que sus consecuencias se extienden más allá del ámbito del discurso, alcanzando los corazones y las mentes de quienes soportan la peor parte de sus palabras venenosas.

Socavar la cohesión social: una sociedad fracturada

El discurso de odio repercute más allá de sus objetivos inmediatos, erosionando la cohesión social que sustenta las sociedades democráticas. Este capítulo profundiza en los efectos dominó de la retórica divisiva, analizando cómo perpetúa la desconfianza, aumenta la tensión y fractura los lazos que mantienen unidas a las diversas comunidades. Examina críticamente las implicaciones del discurso de odio en los grupos marginados, así como su capacidad para alimentar la violencia y el extremismo.

Al explorar el impacto del discurso de odio en la cohesión social, reconocemos que sus consecuencias se extienden al tejido social más amplio, erosionando la unidad y la confianza que las sociedades democráticas requieren para prosperar.

Efecto escalofriante en la libre expresión: voces silenciadas

Irónicamente, el discurso de odio puede sofocar el mismo discurso que pretende defender. Este capítulo aborda el concepto del "efecto escalofriante", en el que los individuos de grupos marginados, por temor a una reacción violenta, autocensuran su discurso. Examina las consecuencias de este silencio autoimpuesto, así como las desigualdades sistémicas que se exacerban cuando ciertas voces son silenciadas de manera desproporcionada.

Al examinar el efecto paralizador sobre la libertad de expresión, reconocemos la naturaleza cíclica del discurso de odio, que no solo silencia a sus objetivos, sino que también corroe la diversidad y la inclusión que son esenciales para un discurso democrático sólido.

Enfrentando los efectos dominó

"Impacto del discurso de odio en los individuos y las comunidades" nos obliga a confrontar la intrincada red de consecuencias que emanan del discurso de odio dentro de las sociedades democráticas. A través de una exploración crítica del daño psicológico, el socavamiento de la cohesión social y el efecto paralizante sobre la libertad de expresión, obtenemos una idea de las implicaciones de gran alcance que se extienden más allá de los límites del discurso.

A medida que navegamos por este terreno, reconocemos que la batalla contra el discurso de odio no se limita a los ámbitos legislativo o legal; es una responsabilidad social que requiere educación, empatía y el compromiso de fomentar un entorno en el que florezcan los valores democráticos mientras se confrontan y mitigan los daños del discurso de odio.

3

Encontrando el Equilibrio - Los Valores Democráticos y sus Límites

El capítulo titulado "Los valores democráticos y sus límites" se embarca en una exploración crítica del delicado equilibrio que debe mantenerse entre la defensa de los valores democráticos y el reconocimiento de sus limitaciones inherentes. A través de un examen riguroso, enfrentamos las complejidades de navegar por los límites de la libre expresión, lidiando con la tensión entre preservar las libertades individuales y salvaguardar el bienestar de la sociedad. Al involucrarnos en la interacción multifacética entre los ideales democráticos y sus limitaciones, descubrimos el terreno matizado donde las libertades democráticas deben coexistir con el imperativo de prevenir daños.

La paradoja de la libertad democrática

Las sociedades democráticas defienden las virtudes de la libertad de expresión como base de la libertad y el progreso. Este capítulo profundiza en la paradoja que surge cuando esta libertad se convierte en un vehículo para la propagación del odio, la división y la violencia. Examina críticamente el límite donde la preservación de la autonomía individual se cruza con la obligación de prevenir el daño, desafiándonos a navegar por el terreno donde los valores democráticos se enredan con sus propias limitaciones.

Al confrontar la paradoja de la libertad democrática, reconocemos que la preservación de estos valores requiere un delicado equilibrio que respete la autonomía individual y proteja contra la erosión del bienestar social.

Del discurso a la acción: cuando las palabras se convierten en armas

La transición del discurso de odio a la acción dañina es un momento crítico en el que se deben reevaluar los valores democráticos. Este capítulo aborda las complejidades éticas y legales que surgen cuando la retórica se convierte en incitación, discriminación o violencia. Examina críticamente el papel del discurso de odio como precursor del daño en el mundo real, invitándonos a cuestionar los límites de la libre expresión cuando el acto mismo de hablar se convierte en un arma.

Al examinar la línea entre el discurso y la acción, reconocemos el imperativo de imponer restricciones a la expresión que amenaza la seguridad y los derechos de los demás.

Protección de los vulnerables: equilibrio entre libertad e igualdad

El capítulo profundiza en la tensión entre proteger a los vulnerables y defender los valores democráticos. Examina críticamente cómo las expresiones de odio pueden afectar de manera desproporcionada a las comunidades marginadas, perpetuando las desigualdades sistémicas. Al comprometernos con la responsabilidad ética de salvaguardar los derechos y la dignidad de estas comunidades, nos enfrentamos al imperativo de definir los límites de la libre expresión de manera que se respeten tanto las libertades individuales como los principios de igualdad.

Al explorar el delicado equilibrio entre libertad e igualdad, reconocemos que las sociedades democráticas deben sortear activamente la tensión entre salvaguardar los derechos individuales y garantizar la justicia social.

El papel de la educación y el discurso

Los valores democráticos se extienden más allá de los marcos legales; abarcan los entornos educativos y discursivos en los que operan. Este capítulo analiza el papel de la educación en el fomento de una cultura de discurso responsable, donde el ejercicio de la libre expresión se guíe por la empatía, el pensamiento crítico y las consideraciones éticas. Examina críticamente la responsabilidad de las personas y las instituciones para promover un diálogo inclusivo y al mismo tiempo contrarrestar la retórica dañina.

Al comprometernos con el papel de la educación y el discurso, reconocemos que los valores democráticos no son solo un concepto legal;

son un esfuerzo social que requiere un cultivo continuo.

Enfrentando las Complejidades

"Los valores democráticos y sus límites" nos obliga a confrontar el intrincado tapiz tejido entre los ideales democráticos y las complejidades de su aplicación. A través de una exploración crítica de la paradoja de la libertad democrática, la transición del discurso a la acción, la protección de los vulnerables y el papel de la educación y el discurso, logramos comprender la interacción multifacética entre los valores democráticos y sus limitaciones.

Mientras navegamos por este terreno, reconocemos que la preservación de los valores democráticos requiere vigilancia, adaptabilidad y el compromiso de lograr el delicado equilibrio que respeta las libertades individuales y salvaguarda el bienestar de la sociedad.

Develando los Pilares - Principios Democráticos y sus Fundamentos

El capítulo titulado "Principios democráticos y sus fundamentos" se embarca en una exploración crítica de los principios básicos que sustentan las sociedades democráticas y la intrincada red de valores que dan forma a los contornos de la libre expresión. A través de un riguroso examen, profundizamos en la interacción entre los ideales democráticos y las complejas consideraciones que surgen al enfrentar el discurso del odio. Al comprometernos con los principios fundamentales de la democracia y sus implicaciones para la libertad de expresión, desentrañamos el terreno matizado en el que se deben navegar cuidadosamente los límites de la libertad democrática.

Igualdad e inclusión: el corazón de la democracia

Las sociedades democráticas están arraigadas en los principios de igualdad e inclusión, donde la voz de cada individuo tiene valor. Este capítulo examina críticamente cómo las expresiones de odio pueden socavar estos principios básicos al marginar, silenciar y discriminar a ciertos grupos. Al comprometernos con el imperativo ético de proteger los derechos y la dignidad de todas las personas, enfrentamos la tensión entre salvaguardar los valores democráticos y prevenir la propagación de una retórica dañina.

Al explorar la relación entre igualdad, inclusión y discurso de odio, reconocemos que la preservación de los principios democráticos exige un delicado equilibrio que respete las libertades individuales y contrarreste la erosión de la cohesión social.

Tolerancia y virtud cívica: el tapiz del discurso

La tolerancia y la virtud cívica son los hilos que tejen el tapiz del discurso democrático. Este capítulo profundiza en las complejidades de fomentar un entorno en el que prosperen el diálogo abierto y el respeto por los diferentes puntos de vista. Examina críticamente cómo el discurso de odio altera este tapiz al sembrar división, desconfianza y hostilidad. Al comprometernos con la responsabilidad ética de nutrir un discurso inclusivo, enfrentamos el desafío de lograr un equilibrio entre la libertad de expresión y el bienestar de las sociedades democráticas.

Al explorar la interacción entre la tolerancia, la virtud cívica y el discurso de odio, reconocemos que los principios democráticos se extienden más allá de los marcos legales; abarcan los valores culturales y éticos que dan forma a nuestras interacciones.

Toma de decisiones colectiva: el poder del pueblo

El capítulo analiza el principio de toma de decisiones colectivas, piedra angular de la democracia. Examina críticamente cómo el discurso de odio puede manipular el sentimiento público, distorsionar los hechos y socavar la toma de decisiones informada. Al comprometernos con las implicaciones éticas del discurso manipulador, enfrentamos la tensión entre salvaguardar la participación democrática y contrarrestar la propagación de narrativas dañinas.

Al explorar la relación entre la toma colectiva de decisiones y el discurso de odio, reconocemos que la preservación de los principios democráticos requiere vigilancia contra los intentos de distorsionar el discurso público y manipular los procesos democráticos.

Un llamado a la ciudadanía responsable

Los principios democráticos no son solo conceptos abstractos; requieren una ciudadanía responsable. Este capítulo profundiza en el papel de las personas en la defensa de los valores democráticos, enfatizando la importancia del pensamiento crítico, la empatía y el compromiso ético en la configuración del discurso. Examina críticamente la responsabilidad ética de contrarrestar el discurso de odio a través del diálogo constructivo, la educación y el activismo.

Al explorar el papel de la ciudadanía responsable al enfrentar el discurso de odio, reconocemos que los principios democráticos se sustentan en los esfuerzos colectivos de las personas que se involucran activamente con las complejidades del discurso.

Enfrentando los cimientos

"Principios democráticos y sus fundamentos" nos obliga a confrontar la intrincada interacción entre los valores fundamentales de la democracia y las complejidades de la libre expresión. A través de una exploración crítica de la igualdad y la inclusión, la tolerancia y la virtud cívica, la toma de decisiones colectiva y la ciudadanía responsable, obtenemos información sobre el terreno matizado donde los principios democráticos se cruzan con el desafío de prevenir el daño.

A medida que navegamos por esta interacción, reconocemos que la preservación de los valores democráticos requiere un compromiso continuo para fomentar un entorno en el que se defiendan las libertades individuales mientras se confronta y desafía el potencial de daño.

Navegando por las complejidades: tensiones entre la libertad de expresión y otros valores democráticos

El capítulo titulado "Tensiones entre la libertad de expresión y otros valores democráticos" profundiza en la intrincada red de contradicciones y conflictos que surgen cuando el principio fundamental de la libertad de expresión interactúa con el tapiz más amplio de los valores democráticos. A través de una lente crítica, exploramos las tensiones que surgen cuando las libertades individuales se cruzan con los imperativos de igualdad, cohesión social y protección de comunidades vulnerables. Al comprometernos con la compleja interacción entre la libertad de expresión y otros valores democráticos, navegamos por el terreno matizado donde los límites de expresión deben negociarse cuidadosamente.

Igualdad frente a prevención de daños: un delicado equilibrio

La tensión entre garantizar la igualdad y prevenir el daño está en el centro del discurso democrático. Este capítulo examina críticamente cómo las expresiones de odio pueden perpetuar la desigualdad, erosionar los derechos de las comunidades marginadas y socavar la búsqueda de la justicia social. Al comprometernos con la responsabilidad ética de proteger a los grupos vulnerables, enfrentamos el desafío de lograr un equilibrio entre salvaguardar la libertad de expresión y prevenir la amplificación de la retórica dañina.

Al explorar la relación entre la igualdad, la prevención de daños y la libertad de expresión, reconocemos que los valores democráticos requieren una negociación compleja que respete la autonomía individual y proteja contra la erosión del bienestar social.

Cohesión social versus retórica divisiva: cerrar la brecha

El principio de cohesión social es fundamental para mantener la armonía democrática. Este capítulo profundiza en las complejidades de fomentar la unidad mientras se confronta el discurso de odio que siembra división y hostilidad. Examina críticamente cómo las expresiones que alienan, estereotipan o vilipendian a ciertos grupos pueden perturbar el tejido social, intensificar la polarización y socavar los lazos compartidos que las sociedades democráticas requieren para prosperar.

Al explorar la interacción entre la cohesión social, la retórica divisiva y la libertad de expresión, reconocemos el imperativo de navegar la tensión entre preservar las libertades individuales y prevenir la propagación del discurso dañino.

Participación frente a discurso manipulador: protección de la democracia

El capítulo analiza el principio de la democracia participativa y su vulnerabilidad al discurso manipulador. Examina críticamente cómo el discurso de odio puede distorsionar los hechos, manipular el sentimiento público y socavar la toma de decisiones informada. Al comprometernos con las implicaciones éticas del discurso que busca manipular los procesos democráticos, enfrentamos la tensión entre salvaguardar la participación democrática y contrarrestar la propagación de narrativas dañinas.

Al explorar la relación entre la democracia participativa, el discurso manipulador y la libertad de expresión, reconocemos que la preservación de los valores democráticos requiere vigilancia contra los intentos de distorsionar el discurso público y manipular los cimientos de la democracia.

Responsabilidad frente a expresión irresponsable: compromiso ético

Las sociedades democráticas encomiendan a los individuos la responsabilidad de ejercer sus libertades de manera responsable. Este capítulo profundiza en el papel del compromiso ético en la configuración del discurso y la lucha contra la retórica dañina. Examina críticamente la responsabilidad ética de entablar un diálogo constructivo, promover la empatía y desafiar activamente el discurso de odio a través de la educación, el activismo y la ciudadanía responsable.

Al explorar el papel del compromiso ético en la navegación de las tensiones entre la libertad de expresión y otros valores democráticos, reconocemos que la preservación de la democracia requiere personas que contribuyan activamente a fomentar un entorno que respete tanto las libertades individuales como los imperativos más amplios del bienestar democrático.

Enfrentando las tensiones

"Tensiones entre la libertad de expresión y otros valores democráticos" nos obliga a confrontar la intrincada interacción entre la libertad de expresión y el tapiz más amplio de los valores democráticos. A través de una exploración crítica de la igualdad y la prevención de daños, la cohesión social y la retórica divisoria, la democracia participativa y el discurso manipulador, y la responsabilidad y el compromiso ético, logramos comprender el terreno matizado donde los ideales democráticos deben coexistir con las complejidades del discurso.

A medida que navegamos por estas tensiones, reconocemos que la preservación de los valores democráticos requiere un compromiso continuo para lograr un equilibrio que respete las libertades individuales y salvaguarde los cimientos del bienestar democrático.

Revelando los límites - Examinando los límites de la libertad democrática

El capítulo titulado "Examen de los límites de la libertad democrática" se embarca en una exploración crítica de la intrincada tarea de definir los contornos dentro de los cuales opera la libertad democrática. A través de un examen riguroso, ahondamos en las tensiones, paradojas y consideraciones éticas que surgen cuando el principio de libre expresión se cruza con los imperativos de preservar la armonía social, prevenir daños y salvaguardar el bienestar de las personas y las comunidades. Al comprometernos con la interacción multifacética entre los ideales democráticos y sus limitaciones, navegamos por el terreno matizado donde los límites de la expresión deben examinarse cuidadosamente.

El alcance de la libertad: de la liberación a la restricción

La libertad democrática es una piedra angular de nuestras sociedades, otorgando a las personas el derecho a expresar sus opiniones e ideas. Este capítulo examina críticamente cómo esta libertad se transforma de una herramienta de liberación a un ámbito de restricción cuando entran en juego las expresiones de odio y daño. Nos desafía a cuestionar dónde se deben trazar los límites de la libertad democrática, reconociendo la necesidad de navegar por el terreno donde la libre expresión pasa de ser un derecho democrático a una amenaza potencial para el bienestar democrático.

Al confrontar el alcance de la libertad democrática, reconocemos que su preservación exige una compleja negociación entre las libertades individuales y el bienestar colectivo.

El imperativo ético: proteger a las comunidades vulnerables

El capítulo profundiza en las dimensiones éticas que orientan los límites de la libertad democrática. Examina críticamente las implicaciones de las expresiones que perpetúan el daño, alienan a los grupos marginados y fomentan la división. Al comprometernos con la responsabilidad ética de proteger los derechos y la dignidad de todas las personas, enfrentamos el desafío de lograr un equilibrio entre salvaguardar la libertad de expresión y prevenir la amplificación de la retórica dañina.

Al explorar la interacción entre los imperativos éticos y la libertad democrática, reconocemos que la preservación de los valores democráticos requiere un enfoque matizado que respete la autonomía individual mientras contrarresta el potencial de daño.

Contextos culturales: navegando por la diversidad

El capítulo examina la influencia de los contextos culturales e históricos en los límites de la libertad democrática. Examina críticamente el desafío de equilibrar los principios universales con la diversidad de normas y valores culturales. Al abordar la tensión entre el relativismo cultural y la universalidad de los valores democráticos, enfrentamos las complejidades de fomentar un entorno en el que la libertad de expresión respete las diversas perspectivas sin convertirse en una herramienta para la supresión cultural.

Al explorar la interacción entre los contextos culturales y la libertad democrática, reconocemos el imperativo de elaborar marcos que honren la diversidad cultural al tiempo que defienden los estándares éticos que trascienden las fronteras nacionales.

Un diálogo continuo: definiendo los límites

La libertad democrática no es un concepto estático; es un producto del diálogo continuo y la introspección social. Este capítulo profundiza en el papel del discurso público, los marcos legales y el consenso social en la definición de los límites de la libertad democrática. Examina críticamente cómo las sociedades democráticas deben comprometerse colectivamente en la tarea de definir los límites que equilibran las libertades individuales con los imperativos más amplios del bienestar democrático.

Al explorar la interacción entre el diálogo público, los marcos legales y la libertad democrática, reconocemos que la preservación de los valores democráticos requiere vigilancia constante, adaptabilidad y compromiso para fomentar un entorno en el que el discurso sea abierto, crítico y consciente de sus impactos potenciales.

Enfrentando las Complejidades

"Examinando los límites de la libertad democrática" nos obliga a confrontar la intrincada interacción entre el principio de la libertad de expresión y las complejidades de definir sus límites. A través de una exploración crítica del alcance de la libertad, los imperativos éticos, los contextos culturales y el papel del diálogo continuo, logramos comprender el terreno matizado donde los ideales democráticos coexisten con las consideraciones éticas y prácticas del discurso.

A medida que navegamos por estas complejidades, reconocemos que la preservación de la libertad democrática requiere un esfuerzo colectivo, uno que respete las libertades individuales mientras salvaguarda el bienestar de las personas, las comunidades y el propio tejido democrático.

4

Acto de Equilibrio - El Principio del Daño

El capítulo titulado "El principio del daño" profundiza en uno de los conceptos éticos fundamentales que guían el delicado equilibrio entre la libertad de expresión y la prevención del daño dentro de las sociedades democráticas. A través de un examen crítico, exploramos la filosofía del principio del daño como marco para evaluar los límites de expresión frente al discurso del odio. Al abordar las complejidades, las aplicaciones y los desafíos del principio del daño, navegamos por el terreno matizado donde las libertades individuales se cruzan con los imperativos más amplios del bienestar social.

Definición del principio del daño

El principio del daño, propuesto por el filósofo John Stuart Mill, postula que la única justificación para limitar la libertad de un individuo es prevenir el daño a los demás. Este capítulo examina críticamente la filosofía que subyace al principio del daño, cuestionando dónde se encuentra el umbral del daño y cómo se traduce en la evaluación práctica del discurso de odio. Nos desafía a explorar la línea que separa el ejercicio legítimo de la libre expresión del discurso que incita al daño, la discriminación y la violencia.

Al confrontar los matices del principio de daño, reconocemos la complejidad de aplicar un marco ético único a la diversa gama de expresiones que constituyen el discurso de odio.

Equilibrar Autonomía y Bienestar

El capítulo ahonda en las tensiones que surgen al equilibrar la autonomía individual con el bienestar de la sociedad. Examina críticamente cómo el discurso de odio, aunque disfrazado de libertad de expresión, puede perpetuar el daño, socavar la cohesión social y erosionar los mismos valores democráticos que dice defender. Al comprometernos con la responsabilidad ética de proteger a los grupos vulnerables de las consecuencias dañinas del discurso, enfrentamos el desafío de lograr un equilibrio que respete las libertades individuales y evite la propagación de la retórica del odio.

Al explorar la interacción entre la autonomía y el bienestar, reconocemos que la aplicación del principio de daño requiere navegar por el terreno donde las libertades democráticas encuentran sus límites éticos y prácticos.

Desafíos e interpretaciones

El capítulo analiza los desafíos e interpretaciones que surgen al intentar aplicar el principio de daño al discurso de odio. Examina críticamente la subjetividad y los matices culturales que dan forma a la evaluación del daño, reconociendo las complejidades de discernir cuándo el discurso se transforma en una amenaza inminente para el bienestar. Al involucrarnos en los debates en torno a lo que constituye daño dentro del contexto de la libre expresión, enfrentamos las limitaciones y los peligros potenciales de confiar únicamente en el principio de daño como marco regulatorio.

Al explorar los desafíos y las interpretaciones, reconocemos que, si bien el principio del daño proporciona una guía ética valiosa, su aplicación requiere una cuidadosa consideración de los diversos contextos en los que se manifiesta el discurso de odio.

Un marco para el discurso democrático

El principio de daño sirve como marco para fomentar un discurso democrático responsable. Este capítulo profundiza en cómo la filosofía del principio del daño alienta a las personas a involucrarse en un compromiso ético, pensamiento crítico y empatía al ejercer sus libertades. Examina críticamente el papel de la educación, el diálogo y las consideraciones éticas en la creación de un entorno en el que la libertad de expresión se guíe por los principios de prevención de daños y promoción del bienestar social.

Al explorar el principio del daño como marco para el discurso democrático, reconocemos que su aplicación se extiende más allá de las normas legales; requiere un cambio cultural que capacite a las personas para que se comprometan con las complejidades de la libre expresión de manera responsable.

Enfrentando el Principio

"El principio del daño" nos obliga a confrontar la intrincada interacción entre las libertades individuales, la prevención del daño y la filosofía que guía su intersección. A través de una exploración crítica de la filosofía del principio del daño, el equilibrio entre la autonomía y el bienestar, los desafíos y las interpretaciones, y su papel como marco para el discurso democrático, obtenemos una visión del terreno matizado donde los límites de la libre expresión deben negociarse cuidadosamente. .

A medida que navegamos por este principio, reconocemos que la preservación de los valores democráticos requiere un compromiso para fomentar un entorno en el que la libertad de expresión se ejerza de manera responsable, reconociendo que los principios de libertad y prevención de daños están íntimamente entrelazados.

Revelando los cimientos: el principio del daño de John Stuart Mill

El capítulo titulado "El principio del daño de John Stuart Mill" profundiza en los fundamentos filosóficos de uno de los marcos éticos más influyentes que guían el delicado equilibrio entre la libertad de expresión y la prevención del daño. A través de una exploración crítica, nos involucramos con la filosofía articulada por John Stuart Mill, examinando los principios, las aplicaciones y los desafíos de su principio de daño como un medio para navegar por las complejidades del discurso de odio dentro de las sociedades democráticas. Al descubrir los matices y las implicaciones del principio de daño de Mill, navegamos por el terreno matizado donde las libertades individuales se cruzan con las consideraciones éticas de proteger el bienestar.

Orígenes y Principios

El principio de daño de John Stuart Mill postula que la única limitación justificada a la libertad individual es prevenir el daño a otros. Este capítulo examina críticamente los orígenes de la filosofía de Mill, comprometiéndose con sus argumentos que enfatizan la autonomía, la diversidad de opiniones y la necesidad de un discurso abierto. Nos desafía a explorar los principios fundamentales que han informado la comprensión moderna de la libertad de expresión y sus limitaciones, particularmente frente al discurso de odio.

Al confrontar los orígenes y principios del principio de daño de Mill, reconocemos su importancia perdurable como concepto fundamental en el discurso que rodea la libertad democrática.

El espectro del daño

El capítulo profundiza en el matizado espectro de daños que abarca el principio de Mill. Examina críticamente las complejidades de discernir entre daños tangibles e inmediatos y formas más sutiles de daño que se manifiestan con el tiempo. Al comprometernos con el desafío ético de evaluar el daño dentro de diversos contextos, enfrentamos las complejidades de aplicar el principio de Mill a la amplia gama de expresiones que constituyen el discurso de odio.

Al explorar el espectro del daño, reconocemos la complejidad de evaluar expresiones que pueden no tener consecuencias físicas inmediatas, pero que aún así infligen un daño emocional y social profundamente arraigado.

Equilibrar la autonomía individual y el bienestar social

El principio de equilibrar la autonomía individual y el bienestar social es fundamental para el principio de daño de Mill. Este capítulo aborda la tensión que surge cuando las libertades individuales chocan con el imperativo ético de prevenir daños y salvaguardar los derechos y la dignidad de todos los miembros de la sociedad. Examina críticamente el desafío de lograr un equilibrio que respete las libertades individuales al tiempo que reconoce el potencial de daño que ciertas expresiones, como el discurso de odio, pueden propagar.

Al explorar la interacción entre la autonomía individual y el bienestar social, reconocemos los desafíos inherentes de aplicar el principio de Mill dentro de las complejidades de las sociedades democráticas.

Aplicación y desafíos

El capítulo analiza la aplicación y los desafíos de aplicar el principio de daño de Mill a la evaluación del discurso de odio. Examina críticamente la subjetividad, los matices culturales y las consideraciones legales que dan forma a la interpretación del daño dentro del contexto de la libre expresión. Al involucrarnos en los debates que rodean la implementación práctica del principio de Mill, enfrentamos las limitaciones y los peligros potenciales de depender únicamente de este marco como herramienta regulatoria.

Al explorar la aplicación y los desafíos, reconocemos que, si bien el principio de daño de Mill proporciona una guía ética valiosa, su aplicación requiere una cuidadosa consideración de los diversos contextos en los que se manifiesta el discurso de odio.

Un legado para el discurso democrático

El principio de daño de John Stuart Mill deja un legado duradero en el discurso sobre la libertad democrática. Este capítulo profundiza en cómo la filosofía de Mill alienta a las personas a participar en un discurso democrático responsable guiado por la empatía, las consideraciones éticas y los principios de prevención del daño. Examina críticamente el papel de la educación, el diálogo y el cultivo del pensamiento crítico en la creación de un entorno en el que la libertad de expresión respete tanto las libertades individuales como los imperativos más amplios del bienestar social.

Al explorar el principio de daño de Mill como un legado del discurso democrático, reconocemos que su aplicación se extiende más allá de las regulaciones legales; requiere un cambio cultural que capacite a las personas para que se comprometan con las complejidades de la libre expresión de manera responsable.

Enfrentando el legado

"El principio del daño de John Stuart Mill" nos obliga a confrontar la intrincada interacción entre la filosofía articulada por Mill y las complejidades de aplicar su principio del daño a los desafíos contemporáneos, particularmente el discurso de odio. A través de una exploración crítica de los orígenes y principios del principio del daño de Mill, el espectro del daño, equilibrando la autonomía y el bienestar, su aplicación y desafíos, y su legado para el discurso democrático, obtenemos una visión del terreno matizado donde los principios de individualidad libertad cumplen con las consideraciones éticas y prácticas de prevención del daño.

Mientras navegamos por este legado, reconocemos que la preservación de los valores democráticos requiere el compromiso de fomentar un entorno en el que la libertad de expresión se ejerza de manera responsable, reconociendo que los principios de libertad y prevención de daños están íntimamente entrelazados.

Navegando el Umbral - Aplicando el Principio del Daño al Discurso de Odio

El capítulo titulado "Aplicación del principio del daño al discurso del odio" profundiza en la intrincada tarea de traducir el principio del daño de John Stuart Mill en un marco práctico para evaluar los límites de la libre expresión, particularmente en el contexto del discurso del odio. A través de una exploración crítica, nos involucramos con las complejidades, los desafíos y las consideraciones éticas que surgen al intentar determinar cuándo el discurso de odio cruza el umbral del daño. Al examinar los matices y las implicaciones de aplicar el principio del daño, navegamos por el terreno matizado donde las libertades individuales se cruzan con el imperativo de prevenir el daño a los individuos y la sociedad.

Discurso de odio como daño: desentrañando las implicaciones

El capítulo examina críticamente la proposición de que el discurso de odio constituye un daño tal como lo define el principio de daño de John Stuart Mill. Se adentra en las consecuencias emocionales, psicológicas y sociales del discurso de odio en personas específicas y comunidades marginadas. Al comprometernos con la responsabilidad ética de proteger a los grupos vulnerables de los efectos nocivos del discurso del odio, enfrentamos el desafío de traducir principios filosóficos abstractos en pautas tangibles que puedan guiar la regulación de la expresión.

Al explorar el discurso de odio como daño, reconocemos la complejidad de evaluar expresiones que pueden no resultar en un daño físico inmediato pero que tienen consecuencias sociales y emocionales de gran alcance.

Daño inmediato versus daño acumulativo: un acto de equilibrio

El capítulo profundiza en el desafío de discernir entre daño inmediato y acumulativo dentro del marco del principio de daño de Mill. Examina críticamente cómo el discurso de odio puede infligir daño con el tiempo, perpetuando estereotipos, alimentando la discriminación y erosionando la cohesión social. Al comprometernos con el imperativo ético de prevenir la propagación de tal daño, enfrentamos la tensión entre respetar la autonomía individual y salvaguardar el bienestar de la sociedad.

Al explorar el equilibrio entre el daño inmediato y el acumulativo, reconocemos las complejidades de evaluar expresiones que pueden no manifestarse instantáneamente pero que aun así contribuyen a la degradación de los valores democráticos y el tejido social.

Prevención del daño versus fomento del discurso: consideraciones éticas

El capítulo analiza las consideraciones éticas que surgen al aplicar el principio de daño al discurso de odio. Examina críticamente la tensión entre prevenir daños y fomentar un discurso diverso y abierto. Al enfrentar el desafío de lograr un equilibrio que respete los principios de la libertad de expresión y al mismo tiempo contrarrestar la propagación de la retórica dañina, enfrentamos las complejidades de defender los valores democráticos dentro de las limitaciones del principio del daño.

Al explorar la interacción entre la prevención del daño y el fomento del discurso, reconocemos que la aplicación del principio del daño requiere un diálogo continuo que respete tanto las libertades individuales como los imperativos más amplios del bienestar social.

Contexto Cultural e Interpretación: Desafíos de Aplicación

El capítulo profundiza en los matices culturales y los desafíos de aplicar el principio de daño al discurso de odio en diversos contextos. Examina críticamente la subjetividad y los desafíos interpretativos que surgen al evaluar el daño dentro de diferentes normas y valores culturales. Al comprometernos con las complejidades de traducir el principio de daño a través de varios paisajes culturales, enfrentamos las limitaciones y los peligros potenciales de depender únicamente de este marco como herramienta regulatoria.

Al explorar los desafíos del contexto cultural y la interpretación, reconocemos la necesidad de un enfoque flexible y adaptable que respete la diversidad de las sociedades democráticas al tiempo que defiende los principios éticos que trascienden las fronteras culturales.

Equilibrio de libertad y bienestar

"Aplicación del principio del daño al discurso del odio" nos obliga a confrontar la intrincada interacción entre los principios filosóficos articulados por John Stuart Mill y las complejidades de traducir estos principios en un marco práctico para evaluar el discurso del odio. A través de una exploración crítica del discurso del odio como daño, el equilibrio entre el daño inmediato y el acumulativo, la prevención del daño y la promoción del discurso, los desafíos del contexto cultural y la interpretación, logramos comprender el terreno matizado donde los principios de la libre expresión se cruzan con los principios éticos y prácticos. consideraciones de prevención de daños.

Mientras navegamos por esta aplicación, reconocemos que la preservación de los valores democráticos requiere el compromiso de fomentar un entorno en el que la libertad de expresión se ejerza de manera responsable, reconociendo que los principios de libertad y prevención de daños están íntimamente entrelazados.

Desempaquetando las críticas: desafíos al principio del daño

El capítulo titulado "Críticas y desafíos al principio del daño" profundiza en el complejo panorama de críticas que se han dirigido al principio del daño de John Stuart Mill como un marco ético para evaluar los límites de la libre expresión, particularmente en el contexto del discurso del odio. A través de un examen crítico, abordamos la diversa gama de críticas y desafíos que han surgido de académicos, filósofos y activistas que cuestionan la aplicabilidad, la subjetividad y las limitaciones del principio del daño. Al explorar estas críticas, navegamos por el terreno matizado donde los límites de la expresión se encuentran con las consideraciones multifacéticas que dan forma al discurso que rodea la libertad democrática.

Subjetividad y definición de daño

El capítulo examina críticamente una de las críticas centrales al principio del daño: la subjetividad inherente a la definición del daño. Se adentra en el reto de discernir cuándo una expresión traspasa el umbral del discurso controvertido a la retórica genuinamente dañina. Al comprometernos con los desafíos éticos y prácticos de determinar qué constituye daño dentro de diversos contextos, enfrentamos las complejidades de confiar en un marco ético único para regular expresiones tan diversas como el discurso de odio.

Al explorar la subjetividad del daño, reconocemos las dificultades inherentes de aplicar un principio uniforme a un amplio espectro de expresiones y situaciones.

Relativismo Cultural y Valores Universales

El capítulo profundiza en la crítica de que el principio de daño puede no tener en cuenta el relativismo cultural y la diversidad de valores éticos en las sociedades. Examina críticamente el desafío de equilibrar los principios universales que subyacen a la libertad democrática con las normas y valores culturales que dan forma a las expresiones dentro de contextos específicos. Al abordar las tensiones entre la universalidad del daño y los matices del relativismo cultural, enfrentamos las limitaciones de confiar únicamente en el principio del daño en un mundo globalmente interconectado.

Al explorar la interacción entre el relativismo cultural y los valores universales, reconocemos la necesidad de un enfoque flexible que respete la diversidad cultural al tiempo que defiende los principios éticos que trascienden las fronteras nacionales.

Libertad de investigación y efectos escalofriantes

El capítulo analiza la crítica de que una aplicación estricta del principio de daño podría sofocar inadvertidamente la libertad de investigación y el discurso sólido. Examina de manera crítica cómo el miedo al daño potencial puede desanimar a las personas a participar en discusiones controvertidas pero esenciales. Al comprometernos con la tensión entre prevenir daños y fomentar una cultura de diálogo abierto e investigación crítica, enfrentamos los desafíos de defender los valores democráticos mientras evitamos los efectos escalofriantes de una regulación estricta.

Al explorar el equilibrio entre la libertad de investigación y la prevención de daños, reconocemos la importancia de crear un entorno en el que la expresión sea responsable y, al mismo tiempo, fomentemos un debate vigoroso.

Los límites y la pendiente resbaladiza

El capítulo profundiza en la crítica de que el principio de daño, cuando se aplica para regular la expresión, podría conducir a una pendiente resbaladiza donde incluso los puntos de vista legítimos pueden ser suprimidos. Examina críticamente cómo la interpretación y aplicación del principio de daño podría expandirse para abarcar una amplia gama de expresiones, lo que podría infringir los derechos de libertad de expresión. Al comprometernos con el desafío de definir límites claros y consistentes, enfrentamos los peligros potenciales de un marco regulatorio que puede erosionar inadvertidamente las libertades democráticas.

Al explorar el equilibrio entre definir límites y protegerse contra una pendiente resbaladiza, reconocemos la importancia de lograr un delicado equilibrio que respete las libertades individuales y evite la propagación de una retórica dañina.

Enfrentando las críticas

"Críticas y desafíos al principio del daño" nos obliga a confrontar la intrincada interacción entre los fundamentos filosóficos del principio del daño y las complejidades de su aplicación al discurso del odio. A través de una exploración crítica de la subjetividad y la definición de daño, el relativismo cultural y los valores universales, la libertad de investigación y los efectos escalofriantes, y los límites y la pendiente resbaladiza, logramos comprender el terreno matizado donde los principios de la libertad democrática se encuentran con la diversa gama de críticas y desafíos que marcan sus límites.

A medida que navegamos por estas críticas, reconocemos que la preservación de los valores democráticos requiere una comprensión integral de las limitaciones y los peligros potenciales del principio del daño, junto con el compromiso de fomentar un entorno en el que coexistan la expresión responsable y la prevención del daño.

5

El panorama legal: marcos para regular el discurso de odio

El capítulo titulado "Marcos legales para regular el discurso de odio" profundiza en la intrincada red de mecanismos y marcos legales que emplean las sociedades democráticas para navegar el complejo terreno entre la libre expresión y la prevención del daño. A través de una exploración crítica, nos involucramos con la diversa gama de enfoques legales que han surgido a nivel mundial para abordar el discurso de odio, considerando el equilibrio entre proteger las libertades individuales y salvaguardar el bienestar de las personas y las comunidades. Al examinar estos marcos legales, navegamos por el paisaje matizado donde los límites de expresión están determinados por los principios de justicia, igualdad y cohesión social.

Definición del discurso de odio: un esfuerzo complejo

El capítulo examina críticamente los desafíos y los matices que rodean la definición legal del discurso de odio. Profundiza en las complejidades de distinguir entre discurso ofensivo, opiniones impopulares y expresiones que verdaderamente incitan al odio y al daño. Al involucrarnos en las complejidades de la elaboración de definiciones claras y efectivas, enfrentamos los desafíos de garantizar que los marcos legales apunten a la retórica genuinamente dañina mientras respetan los principios de la libre expresión.

Al explorar la definición de discurso de odio, reconocemos la necesidad de precisión y claridad en los enfoques legales para regular la expresión.

Acto de Equilibrio: Protección de las Libertades y Prevención del Daño

El capítulo ahonda en la tensión que surge al equilibrar la protección de las libertades individuales con la prevención del daño causado por el discurso del odio. Examina críticamente cómo los marcos legales buscan lograr un delicado equilibrio entre salvaguardar la libertad de expresión y contrarrestar la propagación de la retórica dañina. Al comprometernos con la responsabilidad ética de proteger a las comunidades marginadas y a las personas vulnerables, enfrentamos el desafío de elaborar leyes que respeten los valores democráticos y al mismo tiempo prevengan la erosión del bienestar social.

Al explorar el equilibrio entre la protección de las libertades y la prevención de daños, reconocemos las complejidades de los enfoques legales que buscan sortear esta delicada interacción.

Perspectivas internacionales: un panorama diverso

El capítulo analiza la diversa gama de perspectivas y enfoques internacionales para regular el discurso de odio. Examina críticamente cómo diferentes países y sistemas legales lidian con las complejidades de equilibrar la libertad de expresión con la prevención de daños. Al comprometernos con los factores culturales, históricos y legales que dan forma a los enfoques internacionales, enfrentamos los desafíos de armonizar diversos puntos de vista mientras defendemos los principios universales de justicia e igualdad.

Al explorar las perspectivas internacionales, reconocemos la importancia de comprender los matices de varios marcos legales y sus implicaciones para la libertad democrática.

Limitaciones y Desafíos: Los Límites de la Ley

El capítulo profundiza en las limitaciones y desafíos inherentes al uso de marcos legales para regular el discurso de odio. Examina críticamente las dificultades de aplicar estándares legales a expresiones matizadas, el potencial de consecuencias no deseadas y los desafíos de la aplicación en la era digital. Al abordar las limitaciones de los enfoques legales, enfrentamos las complejidades de confiar únicamente en los mecanismos legales para abordar el discurso de odio dentro de las sociedades democráticas.

Al explorar las limitaciones y desafíos, reconocemos la necesidad de un enfoque integral que combine marcos legales con estrategias culturales, éticas y educativas.

Confrontando los Marcos Legales

"Marcos legales para regular el discurso de odio" nos obliga a confrontar la intrincada interacción entre los principios de la libertad democrática y las complejidades de los mecanismos legales que buscan abordar el discurso de odio. A través de una exploración crítica de la definición del discurso de odio, el equilibrio entre las libertades y la prevención del daño, las perspectivas internacionales y las limitaciones y desafíos de los enfoques legales, obtenemos una visión del paisaje matizado donde los principios de justicia, igualdad y cohesión social se cruzan con el desafíos complejos de regular la expresión.

A medida que navegamos por estos marcos legales, reconocemos que la preservación de los valores democráticos requiere una comprensión integral de las limitaciones y los impactos potenciales de los mecanismos legales, junto con el compromiso de fomentar un entorno donde coexistan la expresión responsable y la prevención de daños.

Un mosaico global: leyes internacionales y nacionales sobre el discurso del odio

El capítulo titulado "Leyes internacionales y nacionales sobre el discurso de odio" profundiza en el intrincado tapiz de enfoques legales que las naciones de todo el mundo han elaborado para abordar el complejo problema del discurso de odio. A través de una exploración crítica, nos involucramos con la diversa gama de convenciones internacionales, tratados y legislaciones nacionales que buscan lograr un equilibrio entre la protección de las libertades democráticas y la prevención del daño causado por el discurso de odio. Al examinar estos marcos legales, navegamos por el paisaje matizado donde los principios de los derechos humanos, la diversidad cultural y la cohesión social se cruzan con el desafío de regular la expresión.

Convenciones y tratados internacionales: un marco para la armonía

El capítulo examina críticamente el papel de las convenciones y tratados internacionales en la configuración del panorama legal de la regulación del discurso de odio. Profundiza en las complejidades de armonizar diversas perspectivas nacionales dentro de un marco global que defiende los principios de los derechos humanos y la igualdad. Al abordar las tensiones entre los estándares universales y el relativismo cultural, enfrentamos el desafío de elaborar acuerdos internacionales que respeten la diversidad cultural y salvaguarden el bienestar de las personas y las comunidades.

Al explorar convenciones y tratados internacionales, reconocemos la importancia de un esfuerzo colaborativo para abordar el discurso de odio a escala global.

Enfoques Nacionales: Equilibrando Libertad y Bienestar

El capítulo profundiza en la gama de enfoques nacionales para regular el discurso de odio, destacando las diversas estrategias y desafíos que emplean los diferentes países. Examina críticamente cómo las naciones navegan por las complejidades de proteger las libertades democráticas mientras abordan el daño potencial causado por el discurso de odio. Al involucrarnos con los factores culturales, históricos y legales que dan forma a la legislación nacional, confrontamos el delicado equilibrio que los gobiernos se esfuerzan por lograr entre las libertades individuales y el bienestar social.

Al explorar los enfoques nacionales, reconocemos la importancia de las soluciones específicas del contexto en la regulación del discurso de odio.

Desafíos de definición: los límites de la expresión

El capítulo analiza los desafíos que surgen al definir el discurso de odio dentro de contextos legales, tanto a nivel internacional como nacional. Examina críticamente cómo las legislaciones lidian con la tarea de distinguir entre el discurso protegido y las expresiones que realmente incitan al odio y al daño. Al comprometernos con las complejidades de elaborar definiciones claras y efectivas, enfrentamos las dificultades de crear leyes que apunten a la retórica dañina respetando los principios de la libre expresión.

Al explorar los desafíos de definición, reconocemos la importancia de la precisión y la claridad en los enfoques legales para regular la expresión.

Cumplimiento y rendición de cuentas: realidades prácticas

El capítulo profundiza en los desafíos de hacer cumplir las leyes sobre incitación al odio y responsabilizar a las personas por sus expresiones. Examina críticamente las complejidades de investigar, enjuiciar y abordar el discurso de odio en la era digital, donde los límites de jurisdicción y alcance se han vuelto fluidos. Al comprometernos con las realidades prácticas de la aplicación, enfrentamos las limitaciones y los peligros potenciales de depender únicamente de los mecanismos legales para abordar el discurso de odio dentro de las sociedades democráticas.

Al explorar la aplicación y la rendición de cuentas, reconocemos la necesidad de un enfoque integral que combine marcos legales con estrategias educativas, culturales y tecnológicas.

Enfrentando el panorama global

"Leyes internacionales y nacionales sobre el discurso de odio" nos obliga a confrontar la intrincada interacción entre los principios de la libertad democrática y las complejidades de los mecanismos legales que buscan abordar el discurso de odio a escala global. A través de una exploración crítica de las convenciones y los tratados internacionales, los enfoques nacionales, los desafíos de definición y las realidades prácticas de la aplicación, obtenemos información sobre el panorama matizado donde los principios de los derechos humanos, la diversidad cultural y la cohesión social se cruzan con el desafío de regular la expresión. .

A medida que navegamos por este panorama global, reconocemos que la preservación de los valores democráticos requiere una comprensión integral de las limitaciones y los impactos potenciales de los mecanismos legales, junto con el compromiso de fomentar un entorno donde coexistan la expresión responsable y la prevención de daños.

El delicado equilibrio: Equilibrar la libertad de expresión y la regulación del discurso de odio

El capítulo titulado "Equilibrar la libertad de expresión y la regulación del discurso de odio" profundiza en la intrincada ya menudo polémica tarea de lograr un delicado equilibrio entre el principio fundamental de la libre expresión y el imperativo de regular el discurso de odio en las sociedades democráticas. A través de una exploración crítica, nos involucramos con las consideraciones multifacéticas, los dilemas éticos y los desafíos prácticos que surgen al intentar navegar por la delgada línea entre salvaguardar las libertades individuales y prevenir el daño causado por el discurso de odio. Al examinar las complejidades de este equilibrio, navegamos por el paisaje matizado donde los límites de expresión se cruzan con los objetivos más amplios de fomentar sociedades inclusivas y cohesivas.

El núcleo de la democracia: la libertad de expresión

El capítulo examina críticamente el principio fundamental de la libertad de expresión dentro de las sociedades democráticas. Profundiza en el significado histórico y los fundamentos filosóficos de la libertad de expresión como piedra angular de los valores democráticos. Al comprometernos con los principios de autonomía, diversidad de opiniones y la necesidad de un discurso abierto, enfrentamos el desafío de defender este principio al mismo tiempo que reconocemos su potencial para el mal uso, incluida la difusión de una retórica dañina.

Al explorar el núcleo de la democracia a través de la lente de la libre expresión, reconocemos su importancia como vehículo para el empoderamiento individual y el intercambio de ideas.

La urgencia de la prevención de daños

El capítulo profundiza en el imperativo ético de prevenir los daños causados por el discurso de odio. Examina de manera crítica las consecuencias emocionales, psicológicas y sociales que el discurso de odio inflige a las personas objetivo y las comunidades marginadas. Al comprometernos con la responsabilidad de proteger a los grupos vulnerables de los efectos nocivos del discurso del odio, nos enfrentamos al deber moral de contrarrestar las expresiones que erosionan la cohesión social, incitan a la violencia y perpetúan la discriminación.

Al explorar la urgencia de la prevención de daños, reconocemos la necesidad de equilibrar la autonomía individual con el bienestar social más amplio.

Navegando el dilema ético

El capítulo analiza los dilemas éticos que surgen cuando se equilibra la libertad de expresión con la regulación del discurso de odio. Examina críticamente cómo las sociedades navegan la tensión entre preservar las libertades individuales y contrarrestar las expresiones que socavan los valores democráticos. Al abordar las complejidades de evaluar el daño, la subjetividad y el relativismo cultural, enfrentamos el desafío de elaborar marcos regulatorios que protejan a los vulnerables y defiendan los principios del discurso abierto.

Al explorar los dilemas éticos, reconocemos la necesidad de enfoques matizados y adaptables para la regulación del discurso de odio.

Contexto Cultural y Armonización Global

El capítulo profundiza en las complejidades de considerar el contexto cultural y el potencial para la armonización global en la regulación del discurso de odio. Examina críticamente los desafíos de encontrar un terreno común respetando la diversidad de normas culturales y sistemas legales. Al comprometernos con las tensiones entre los estándares universales y el relativismo cultural, enfrentamos las complejidades de crear mecanismos regulatorios que respeten los valores locales mientras previenen la propagación del discurso de odio a escala global.

Al explorar el contexto cultural y la armonización global, reconocemos la importancia de respetar la diversidad cultural y defender los principios universales de los derechos humanos.

Fomentar sociedades inclusivas: el imperativo de la cohesión

"Equilibrar la libertad de expresión y la regulación del discurso de odio" nos obliga a confrontar la intrincada interacción entre el principio fundamental de la libre expresión y el imperativo de prevenir el daño causado por el discurso de odio. A través de una exploración crítica de la libertad de expresión como un valor democrático central, la urgencia de la prevención de daños, la navegación por dilemas éticos, el contexto cultural y la armonización global, obtenemos información sobre el panorama matizado donde los principios del empoderamiento individual y la cohesión social se cruzan con las complejidades. de regular la expresión.

A medida que navegamos por este delicado equilibrio, reconocemos que la preservación de los valores democráticos requiere una comprensión integral de las tensiones y los impactos potenciales de equilibrar la libertad de expresión y la regulación del discurso de odio, junto con el compromiso de fomentar sociedades inclusivas y cohesivas.

Lecciones del mundo real: estudios de casos en la legislación sobre el discurso de odio

El capítulo titulado "Estudios de caso en la legislación sobre discursos de odio" profundiza en ejemplos del mundo real de legislación sobre discursos de odio de diversas naciones, y ofrece una perspectiva matizada sobre los desafíos, los éxitos y las limitaciones de los diferentes enfoques para regular la retórica dañina. A través de una exploración crítica, nos involucramos con estudios de casos que resaltan la compleja interacción entre la libertad de expresión y la regulación del discurso de odio, arrojando luz sobre las implicaciones prácticas y las consideraciones éticas que surgen al elaborar marcos legales. Al examinar estos estudios de casos, navegamos por el paisaje multifacético donde los principios de la libertad democrática se cruzan con las realidades del discurso de odio en varios contextos culturales, legales y sociales.

La lucha de Alemania: los límites de la memoria histórica

El capítulo examina críticamente el enfoque de Alemania para la regulación del discurso de odio después de su historia del nazismo y el Holocausto. Se ahonda en la tensión entre el imperativo de impedir el resurgimiento de ideologías odiosas y los principios de la libre expresión. Al abordar las complejidades de prohibir ciertos símbolos y formas de expresión asociados con la propaganda nazi, enfrentamos el desafío de proteger los valores democráticos mientras abordamos el trauma de la historia.

Al explorar la lucha de Alemania, reconocemos las complejidades de equilibrar la memoria histórica con las libertades democráticas.

El dilema secular de Francia: expresión religiosa versus prevención de daños

El capítulo profundiza en los esfuerzos de Francia para regular el discurso del odio en un marco de laicismo y diversidad cultural. Examina críticamente la tensión entre prevenir la incitación al odio y salvaguardar la libertad religiosa. Al abordar las complejidades de abordar expresiones dirigidas a comunidades religiosas, enfrentamos el desafío ético de equilibrar el bienestar social con el respeto por las diversas creencias y prácticas.

Al explorar el dilema secular de Francia, reconocemos la naturaleza compleja de reconciliar los valores culturales con la prevención del daño.

Primera Enmienda de los Estados Unidos: Protección del discurso y los límites

El capítulo analiza el enfoque de los Estados Unidos sobre el discurso de odio en el contexto de la Primera Enmienda. Examina críticamente la tensión entre proteger la libertad de expresión y abordar el daño causado por las expresiones que incitan a la violencia y la discriminación. Al comprometernos con las complejidades de interpretar los límites de la Primera Enmienda, enfrentamos el desafío de lograr un equilibrio que defienda los valores democráticos y prevenga la propagación de una retórica dañina.

Al explorar el enfoque de los Estados Unidos, reconocemos las complejidades de reconciliar la libertad de expresión con el imperativo ético de prevenir daños.

Marco multicultural de Canadá: equilibrando la diversidad y la cohesión

El capítulo profundiza en los intentos de Canadá de regular el discurso de odio dentro de su marco multicultural. Examina críticamente la tensión entre fomentar una sociedad diversa e inclusiva y prevenir expresiones que socavan la cohesión social. Al comprometernos con las complejidades de proteger los derechos de las minorías mientras abordamos la retórica dañina, enfrentamos el desafío de diseñar mecanismos legales que respeten la diversidad cultural y prevengan daños.

Al explorar el enfoque de Canadá, reconocemos la importancia de lograr un equilibrio entre la inclusión y la prevención de daños.

Aprendiendo de los estudios de casos

"Estudios de caso en la legislación sobre el discurso de odio" nos obliga a confrontar la intrincada interacción entre los principios de la libre expresión y las complejidades de la regulación del discurso de odio en varios contextos culturales, legales y sociales. A través de una exploración crítica de la lucha de Alemania, el dilema secular de Francia, la Primera Enmienda de los Estados Unidos y el marco multicultural de Canadá, obtenemos una visión del panorama matizado donde los principios de la libertad democrática se cruzan con los desafíos prácticos y las consideraciones éticas de regular la expresión.

A medida que navegamos por estos estudios de casos, reconocemos que la preservación de los valores democráticos requiere una comprensión integral de las lecciones y conocimientos obtenidos de los diferentes enfoques de la regulación del discurso de odio, junto con el compromiso de elaborar marcos legales que reflejen la dinámica única de cada sociedad.

6

La Lente Cultural - Contexto Cultural y Discurso de Odio

El capítulo titulado "Contexto cultural y discurso de odio" profundiza en la intrincada interacción entre las normas culturales, los valores y la regulación del discurso de odio dentro de las sociedades democráticas. A través de una exploración crítica, nos involucramos con las dinámicas complejas que surgen cuando las expresiones consideradas ofensivas o dañinas dentro de un contexto cultural se ven de manera diferente dentro de otro. Al examinar el impacto del relativismo cultural en la evaluación del discurso de odio, navegamos por el paisaje matizado donde los principios de la libre expresión se cruzan con los desafíos de respetar la diversidad y prevenir el daño.

Relativismo cultural: una consideración compleja

El capítulo examina críticamente el concepto de relativismo cultural y sus implicaciones para evaluar el discurso de odio. Se adentra en el desafío de conciliar los principios universales de los derechos humanos con las diversas normas culturales que dan forma a las expresiones dentro de contextos específicos. Al abordar las tensiones entre defender los valores democráticos y respetar la diversidad cultural, enfrentamos los dilemas éticos que surgen al evaluar los límites de la expresión.

Al explorar el relativismo cultural, reconocemos las complejidades de aplicar estándares uniformes a diversos paisajes culturales.

Lenguaje, semiótica y mala interpretación

El capítulo profundiza en las complejidades del lenguaje, la semiótica y el potencial de mala interpretación en la evaluación del discurso de odio. Examina críticamente cómo las expresiones pueden tener diferentes connotaciones y significados dentro de diferentes marcos lingüísticos y culturales. Al enfrentarnos a los desafíos de evaluar con precisión expresiones que pueden malinterpretarse a través de las fronteras culturales, enfrentamos las dificultades de elaborar mecanismos reguladores que sean sensibles a las complejidades de la comunicación.

Al explorar el lenguaje y la semiótica, reconocemos la importancia del contexto y la conciencia cultural en la evaluación del discurso de odio.

Trauma Histórico y Memoria Cultural

El capítulo analiza el impacto del trauma histórico y la memoria cultural en la evaluación del discurso de odio. Examina críticamente cómo las expresiones que evocan injusticias y traumas históricos pueden tener profundos efectos emocionales y psicológicos dentro de grupos culturales específicos. Al comprometernos con los desafíos de abordar las expresiones que perpetúan el daño derivado del contexto histórico, enfrentamos la responsabilidad ética de prevenir la perpetuación del trauma a través del habla.

Al explorar el trauma histórico y la memoria cultural, reconocemos las complejidades de evaluar el daño dentro del marco más amplio de la historia cultural.

Educación Cultural y Empoderamiento

El capítulo profundiza en el papel de la educación cultural y el empoderamiento para mitigar el impacto del discurso de odio en diversas sociedades. Examina críticamente cómo la promoción de la conciencia cultural, la comprensión y el diálogo pueden contribuir a prevenir la retórica dañina y fomentar comunidades inclusivas. Al comprometernos con el potencial de la educación para contrarrestar los estereotipos y la discriminación, confrontamos el papel que juegan las medidas proactivas en la configuración del contexto y la expresión culturales.

Al explorar la educación cultural y el empoderamiento, reconocemos la importancia de cultivar un clima de respeto y comprensión que contrarreste el discurso de odio.

Navegando el contexto cultural

"Contexto cultural y discurso de odio" nos obliga a confrontar la intrincada interacción entre los principios de la libertad democrática y las complejidades de las normas y valores culturales que dan forma a las expresiones. A través de una exploración crítica del relativismo cultural, el lenguaje y la semiótica, el trauma histórico y la memoria cultural, y la educación y el empoderamiento culturales, obtenemos una visión del paisaje matizado donde los principios de la libre expresión se cruzan con las diversas consideraciones que surgen al evaluar el daño y prevenir el daño. difusión del discurso del odio.

A medida que navegamos por el contexto cultural, reconocemos que la preservación de los valores democráticos requiere una comprensión integral del impacto de las normas culturales en la evaluación del discurso de odio, junto con el compromiso de fomentar un entorno donde coexistan la expresión responsable y la diversidad cultural.

Perspectivas a caballo entre el relativismo cultural y los derechos humanos universales

El capítulo titulado "Relativismo cultural versus derechos humanos universales" profundiza en el debate complejo y a menudo polémico entre los principios del relativismo cultural y los ideales de los derechos humanos universales cuando se trata de la regulación del discurso de odio dentro de las sociedades democráticas. A través de una exploración crítica, nos involucramos con la tensión entre respetar diversas normas culturales y defender los derechos fundamentales que trascienden las fronteras culturales. Al examinar la interacción entre estas perspectivas, navegamos por el paisaje matizado donde los principios de la libre expresión se encuentran con las complejidades de reconciliar la diversidad cultural con el imperativo de prevenir el daño y la discriminación.

Relativismo Cultural: Abrazando la Diversidad

El capítulo examina críticamente el concepto de relativismo cultural y su énfasis en reconocer y respetar la diversidad cultural. Se adentra en los desafíos de reconciliar la creencia de que las normas y los valores culturales deben dar forma a las expresiones con las posibles consecuencias de perpetuar una retórica dañina. Al abordar las complejidades de valorar diversas perspectivas, enfrentamos los dilemas éticos que surgen cuando las expresiones que dañan a los grupos marginados se excusan en función de las diferencias culturales.

Al explorar el relativismo cultural, reconocemos la importancia de comprender los matices de los diversos paisajes culturales.

Derechos humanos universales: protección de la dignidad inherente

El capítulo profundiza en los principios de los derechos humanos universales y su énfasis en salvaguardar la dignidad inherente y la igualdad de todos los individuos. Examina críticamente el desafío de equilibrar la protección de individuos y grupos vulnerables con el respeto por la diversidad cultural. Al comprometernos con el imperativo ético de prevenir el daño y la discriminación, enfrentamos la dificultad de garantizar que los derechos humanos se respeten independientemente del contexto cultural.

Al explorar los derechos humanos universales, reconocemos la importancia de un estándar consistente para la dignidad humana y la igualdad.

Tensiones y dilemas éticos

El capítulo analiza la tensión y los dilemas éticos que surgen cuando el relativismo cultural choca con los derechos humanos universales en el contexto de la regulación del discurso de odio. Examina críticamente cómo las sociedades lidian con el desafío de respetar las diversas expresiones mientras evitan la propagación de una retórica dañina. Al abordar las complejidades de evaluar el daño, la subjetividad y los valores culturales, enfrentamos el desafío ético de elaborar marcos normativos que respeten la diversidad cultural y defiendan los derechos humanos fundamentales.

Al explorar la tensión y los dilemas éticos, reconocemos la necesidad de enfoques matizados y adaptables para la regulación del discurso de odio.

Un camino a seguir: Equilibrio de perspectivas

El capítulo profundiza en posibles formas de navegar la tensión entre el relativismo cultural y los derechos humanos universales en el contexto de la regulación del discurso de odio. Examina críticamente la posibilidad de encontrar un equilibrio que respete la diversidad cultural y respete los principios de dignidad humana, igualdad y prevención de daños. Al comprometernos con el potencial para el diálogo, la educación y las soluciones colaborativas, enfrentamos el desafío de fomentar un entorno donde diversas expresiones puedan coexistir con el compromiso de prevenir la discriminación y el daño.

Al explorar un camino a seguir, reconocemos la importancia del discurso respetuoso y encontrar un terreno común en medio de diferentes perspectivas.

Perspectivas a horcajadas

"Relativismo cultural versus derechos humanos universales" nos obliga a confrontar la intrincada interacción entre los principios de la libertad democrática y las complejidades de las normas culturales y los derechos universales cuando se trata de la regulación del discurso de odio. A través de una exploración crítica del relativismo cultural, los derechos humanos universales, la tensión y los dilemas éticos, y un camino a seguir, obtenemos una visión del panorama matizado donde los principios de la libre expresión se cruzan con el desafío de reconciliar la diversidad cultural con el imperativo de prevenir daños y perjuicios. discriminación.

A medida que abarcamos estas perspectivas, reconocemos que la preservación de los valores democráticos requiere una comprensión integral de las tensiones y los posibles impactos del relativismo cultural y los derechos humanos universales, junto con el compromiso de fomentar un entorno en el que coexistan la expresión responsable y el respeto por la dignidad humana.

Dinámica de desentrañamiento: normas culturales y su papel en el discurso de odio

El capítulo titulado "Normas culturales y su papel en el discurso de odio" profundiza en la intrincada relación entre las normas culturales, los valores sociales y la propagación del discurso de odio dentro de las sociedades democráticas. A través de una exploración crítica, nos involucramos con las dinámicas complejas que surgen cuando las expresiones que pueden considerarse ofensivas o dañinas dentro de un contexto cultural se normalizan o incluso celebran dentro de otro. Al examinar el impacto de las normas culturales en el discurso de odio, navegamos por el paisaje matizado donde los principios de la libre expresión se cruzan con los desafíos de prevenir daños y fomentar sociedades inclusivas.

Las normas como construcciones sociales: influencia y consecuencias

El capítulo examina críticamente las normas culturales como construcciones sociales que dan forma a las percepciones del comportamiento y el discurso aceptables dentro de las sociedades. Profundiza en cómo estas normas pueden influir en la prevalencia y aceptabilidad del discurso de odio. Al abordar las complejidades de cómo se establecen, refuerzan y perpetúan las normas, enfrentamos el desafío de abordar expresiones que se normalizan dentro de ciertos contextos culturales pero que pueden perpetuar el daño y la discriminación.

Al explorar las normas como construcciones sociales, reconocemos su poder para moldear actitudes y comportamientos, incluidos los relacionados con el discurso de odio.

Normalización del daño: consideraciones éticas

El capítulo profundiza en las consideraciones éticas que surgen cuando las expresiones de discurso de odio se normalizan dentro de determinados contextos culturales. Examina críticamente cómo la normalización de la retórica dañina puede perpetuar los estereotipos, la discriminación y la hostilidad hacia los grupos marginados. Al abordar las complejidades de confrontar expresiones que pueden verse como comunes o inofensivas dentro de un marco cultural, enfrentamos la responsabilidad ética de prevenir la propagación del daño, incluso cuando está integrado en las normas sociales.

Al explorar la normalización del daño, reconocemos la importancia de evaluar las expresiones dentro de un contexto ético más amplio.

Hegemonía cultural y voces marginadas

El capítulo analiza el impacto de la hegemonía cultural en la propagación del discurso de odio y el silenciamiento de las voces marginadas. Examina críticamente cómo las normas culturales dominantes pueden marginar y suprimir las expresiones de los grupos minoritarios. Al comprometernos con los desafíos de ampliar diversas perspectivas y desafiar las normas establecidas, enfrentamos el imperativo ético de crear un entorno inclusivo donde se escuchen y respeten todas las voces.

Al explorar la hegemonía cultural, reconocemos la necesidad de un discurso equilibrado que incluya una variedad de perspectivas.

Cambios culturales y progreso

El capítulo profundiza en el potencial de los cambios culturales y el progreso para desafiar y transformar las normas culturales dañinas relacionadas con el discurso de odio. Examina críticamente cómo las sociedades pueden participar en conversaciones, educación y promoción para remodelar actitudes y comportamientos. Al comprometernos con el potencial de cambio, enfrentamos el desafío de fomentar un entorno cultural que rechace el discurso de odio y adopte los principios de inclusión y respeto.

Al explorar los cambios culturales, reconocemos el potencial de un cambio positivo en la lucha contra el discurso de odio.

Navegando por las Normas Culturales

"Las normas culturales y su papel en el discurso del odio" nos obliga a confrontar la intrincada interacción entre los principios de la libertad democrática y la compleja dinámica de las normas y valores culturales que dan forma a las expresiones. A través de una exploración crítica de las normas como construcciones sociales, la normalización del daño, la hegemonía cultural y las voces marginadas, y los cambios y progresos culturales, obtenemos una visión del paisaje matizado donde los principios de la libre expresión se cruzan con los desafíos de abordar la retórica dañina dentro de contextos específicos. contextos culturales.

A medida que navegamos por estas normas culturales, reconocemos que la preservación de los valores democráticos requiere una comprensión integral de la influencia de las normas en las expresiones, junto con el compromiso de fomentar un entorno donde coexistan la expresión responsable y la diversidad cultural.

Uniendo brechas - Navegando el diálogo y la expresión intercultural

El capítulo titulado "Navegando el diálogo y la expresión transculturales" profundiza en el complejo terreno de promover la comprensión, fomentar el diálogo y navegar las expresiones a través de diversos contextos culturales dentro de las sociedades democráticas. A través de una exploración crítica, nos involucramos con los desafíos, las oportunidades y las consideraciones éticas que surgen cuando se busca cerrar las brechas culturales y prevenir la propagación del discurso de odio. Al examinar la dinámica del diálogo intercultural, navegamos por el paisaje matizado donde los principios de la libre expresión se cruzan con el imperativo de promover la empatía, el respeto y la comprensión mutua.

Alfabetización cultural: la clave para un diálogo eficaz

El capítulo examina críticamente el concepto de alfabetización cultural como base para un diálogo intercultural significativo. Profundiza en la importancia de comprender diversas perspectivas, normas y valores para entablar conversaciones productivas. Al involucrarnos con las complejidades de los matices y las sensibilidades culturales, enfrentamos el desafío de fomentar un entorno en el que las personas puedan comunicarse a través de las diferencias culturales con empatía y respeto.

Al explorar la alfabetización cultural, reconocemos su papel en la construcción de puentes de comprensión.

La empatía como catalizador: fomentar el respeto mutuo

El capítulo profundiza en el papel de la empatía en la promoción del respeto mutuo y la reducción de la prevalencia del discurso de odio. Examina críticamente cómo cultivar la empatía puede conducir a una mayor apreciación de las experiencias y perspectivas de los demás. Al comprometernos con el potencial de la empatía para contrarrestar los estereotipos y las actitudes discriminatorias, nos enfrentamos al imperativo ético de construir conexiones que trascienden las fronteras culturales.

Al explorar la empatía como catalizador, reconocemos su poder para transformar el discurso y promover la inclusión.

Medios y Tecnología: Amplificación de Voces

El capítulo analiza el impacto de los medios y la tecnología en la facilitación del diálogo y la expresión intercultural. Examina críticamente el potencial de estas plataformas para amplificar diversas voces y crear oportunidades para el intercambio intercultural. Al enfrentar los desafíos de la desinformación, las cámaras de eco y el discurso de odio en línea, enfrentamos la responsabilidad de promover un discurso responsable y constructivo dentro de los espacios digitales.

Al explorar los medios y la tecnología, reconocemos su potencial tanto para salvar las divisiones como para exacerbar las tensiones.

Facilitar el diálogo: Estrategias para la inclusión

El capítulo profundiza en las estrategias para facilitar el diálogo intercultural que abarque la inclusión y el entendimiento mutuo. Examina críticamente la importancia de crear espacios seguros para conversaciones abiertas que desafíen los sesgos y prejuicios. Al comprometernos con el potencial de la educación, los talleres y las iniciativas interculturales, enfrentamos el desafío de fomentar un entorno donde las personas de diversos orígenes puedan participar en un diálogo productivo.

Al explorar estrategias para la inclusión, reconocemos la importancia de los esfuerzos proactivos para promover la comprensión intercultural.

Uniendo Divisiones

"Navegando el diálogo y la expresión intercultural" nos obliga a confrontar la intrincada interacción entre los principios de la libertad democrática y las complejidades de fomentar el diálogo a través de las diferencias culturales. A través de una exploración crítica de la alfabetización cultural, la empatía como catalizador, los medios y la tecnología, y las estrategias para la inclusión, obtenemos información sobre el panorama matizado donde los principios de la libre expresión se cruzan con el desafío de promover la comprensión, el respeto y la empatía mutua.

A medida que superamos estas divisiones, reconocemos que la preservación de los valores democráticos requiere una comprensión integral de la dinámica del diálogo intercultural, junto con el compromiso de fomentar un entorno en el que coexistan la expresión responsable y el entendimiento intercultural.

7

Desentrañando la web: las redes sociales y el odio en línea

El capítulo titulado "Redes sociales y odio en línea" profundiza en el intrincado ya menudo alarmante panorama del discurso de odio dentro del ámbito digital, centrándose en su prevalencia e impacto en las plataformas de redes sociales. A través de una exploración crítica, nos involucramos con las complejidades de regular el discurso de odio en la esfera en línea, donde los límites de la libre expresión se cruzan con la rápida difusión de la retórica dañina. Al examinar la dinámica del odio en línea, navegamos por el paisaje matizado donde los principios de la libertad democrática enfrentan los desafíos de fomentar un discurso digital responsable y prevenir la propagación del daño.

Plataformas Digitales y Amplificación

El capítulo examina críticamente el papel de las plataformas de redes sociales en la amplificación del discurso de odio. Se profundiza en cómo el alcance y la velocidad de la comunicación digital han llevado a la rápida difusión de retórica dañina y la creación de cámaras de eco que perpetúan la discriminación. Al enfrentarnos a los desafíos de moderar el contenido en línea, enfrentamos la responsabilidad de las plataformas digitales de lograr un equilibrio entre permitir la libre expresión y prevenir la propagación de expresiones dañinas.

Al explorar las plataformas digitales y la amplificación, reconocemos el papel de la tecnología en la configuración del discurso en línea.

Cámaras de Eco y Sesgo de Confirmación

El capítulo profundiza en el fenómeno de las cámaras de eco y el sesgo de confirmación dentro del espacio en línea. Examina críticamente cómo los algoritmos y el comportamiento del usuario contribuyen al refuerzo de las creencias preexistentes y al aislamiento de las diferentes perspectivas. Al comprometernos con los desafíos de romper las cámaras de eco y fomentar diversos entornos digitales, enfrentamos el imperativo ético de promover un diálogo abierto que cuestione los prejuicios y fomente la comprensión.

Al explorar las cámaras de eco y el sesgo de confirmación, reconocemos las complejidades de dar forma al discurso en línea.

Anonimato y Toxicidad

El capítulo analiza el impacto del anonimato en línea en la propagación del discurso de odio. Examina críticamente cómo el anonimato puede alentar a las personas a expresar una retórica dañina sin rendir cuentas. Al enfrentar los desafíos de frenar el comportamiento tóxico respetando la privacidad, enfrentamos el dilema de equilibrar los principios de la libertad de expresión con la prevención de daños en la era digital.

Al explorar el anonimato y la toxicidad, reconocemos la necesidad de un comportamiento y plataformas digitales responsables.

Regulación y Libre Expresión

El capítulo profundiza en los desafíos de regular el discurso de odio en las redes sociales mientras se defienden los principios de la libertad democrática. Examina críticamente la tensión entre prevenir daños y salvaguardar la libertad de expresión en el espacio digital. Al comprometernos con las complejidades de crear mecanismos regulatorios efectivos que se adapten a la dinámica en línea en evolución, enfrentamos el desafío ético de lograr un equilibrio que respete la autonomía individual y evite la propagación del daño.

Al explorar la regulación y la libertad de expresión, reconocemos la necesidad de enfoques adaptables al discurso digital.

Navegando por el Laberinto Digital

"Social Media and Online Hate" nos obliga a confrontar la intrincada interacción entre los principios de la libertad democrática y las complejidades de regular el discurso de odio dentro del ámbito digital. A través de una exploración crítica de las plataformas digitales y la amplificación, las cámaras de eco y el sesgo de confirmación, el anonimato y la toxicidad, y la regulación y la libre expresión, obtenemos información sobre el panorama matizado donde los principios de la libre expresión se cruzan con los desafíos de fomentar un discurso en línea responsable mientras se previene la propagación del daño.

A medida que navegamos por el laberinto digital, reconocemos que la preservación de los valores democráticos requiere una comprensión integral de la dinámica del odio en línea, junto con el compromiso de fomentar un entorno donde coexistan el comportamiento digital responsable y la libre expresión.

Navegando aguas desconocidas - Discurso de odio en la era digital

El capítulo titulado "Discurso de odio en la era digital" profundiza en el impacto transformador de la tecnología en la propagación y regulación del discurso de odio dentro de las sociedades democráticas. A través de una exploración crítica, nos involucramos con la compleja dinámica que surge cuando la rápida difusión de la retórica dañina se cruza con los principios de la libre expresión y el imperativo de prevenir el daño. Al examinar la evolución del discurso de odio en la era digital, navegamos por el paisaje matizado donde los límites de la libertad democrática enfrentan los desafíos de fomentar un discurso en línea responsable al mismo tiempo que abordamos el potencial de daño social.

El patio de recreo digital: un caldo de cultivo para el daño

El capítulo examina críticamente cómo la era digital ha transformado el discurso de odio en un fenómeno omnipresente y de fácil difusión. Se profundiza en las formas en que las plataformas digitales se han convertido en caldo de cultivo para la retórica dañina, donde las expresiones discriminatorias pueden llegar rápidamente a una audiencia global. Al enfrentar los desafíos de abordar los daños en línea respetando la autonomía individual, enfrentamos el imperativo ético de crear entornos digitales responsables.

Al explorar el campo de juego digital, reconocemos el papel de la tecnología en la configuración del discurso moderno.

Impacto Global y Dinámica Local

El capítulo profundiza en el impacto global del discurso de odio en la era digital al tiempo que reconoce las dinámicas culturales y sociales locales que dan forma a sus manifestaciones. Examina críticamente cómo las expresiones en línea pueden trascender las fronteras geográficas, impactando a las sociedades de todo el mundo. Al comprometernos con las complejidades de abordar el daño a escala global respetando la diversidad cultural, enfrentamos el desafío de equilibrar la necesidad de prevenir el daño con los principios de la libertad democrática.

Al explorar el impacto global y las dinámicas locales, reconocemos la naturaleza interconectada del odio en línea.

Lenguaje en evolución y palabras clave

El capítulo analiza las formas en que el discurso de odio en la era digital ha evolucionado para incluir lenguaje codificado y símbolos que pueden ser más difíciles de detectar y regular. Examina críticamente el desafío de abordar expresiones que pueden no violar abiertamente las pautas pero que aún así perpetúan el daño. Al comprometernos con las complejidades de interpretar el lenguaje y el simbolismo en evolución, enfrentamos la responsabilidad ética de prevenir daños incluso dentro de formas sutiles de expresión.

Al explorar el lenguaje en evolución, reconocemos la necesidad de enfoques regulatorios adaptables.

Periodismo Ciudadano y Divulgación

El capítulo profundiza en el papel del periodismo ciudadano y las plataformas digitales en la amplificación del discurso de odio. Examina críticamente cómo el contenido generado por el usuario puede conducir a la rápida difusión de expresiones discriminatorias. Al comprometernos con los desafíos de equilibrar el empoderamiento del usuario con la prevención de daños, enfrentamos los dilemas éticos que surgen cuando las personas pueden contribuir a la proliferación de una retórica dañina.

Al explorar el periodismo ciudadano y la amplificación, reconocemos el poder y la responsabilidad de los ciudadanos digitales.

Navegando aguas desconocidas

"Hate Speech in the Digital Age" nos obliga a confrontar la intrincada interacción entre los principios de la libertad democrática y las complejidades de regular la retórica dañina dentro del ámbito digital. A través de una exploración crítica del campo de juego digital, el impacto global y la dinámica local, el lenguaje y las palabras clave en evolución, y el periodismo ciudadano y la amplificación, obtenemos información sobre el panorama matizado donde los principios de la libre expresión se cruzan con los desafíos de fomentar un discurso digital responsable mientras evitando la propagación del daño.

Mientras navegamos por estas aguas desconocidas, reconocemos que la preservación de los valores democráticos requiere una comprensión integral de la dinámica del discurso de odio en la era digital, junto con el compromiso de fomentar un entorno en el que coexistan el comportamiento digital responsable y la prevención de daños.

Domar a la bestia digital - Desafíos de moderar plataformas en línea

El capítulo titulado "Desafíos de moderar plataformas en línea" profundiza en el panorama complejo y multifacético de regular el discurso de odio y el contenido dañino dentro del ámbito digital. A través de una exploración crítica, nos involucramos con la intrincada dinámica que surge cuando las plataformas en línea navegan por el delicado equilibrio entre promover la libertad de expresión y prevenir la difusión de una retórica dañina. Al examinar los desafíos que enfrentan las plataformas digitales, navegamos por el paisaje matizado donde los principios de la libertad democrática se cruzan con las dificultades para elaborar estrategias de moderación efectivas.

Escala y velocidad: administración de grandes cantidades de contenido

El capítulo examina críticamente el desafío de administrar grandes cantidades de contenido generado por el usuario en plataformas en línea. Profundiza en cómo la escala y la velocidad de la creación de contenido dificultan identificar y abordar el discurso de odio en tiempo real. Al involucrarnos con las complejidades de los algoritmos de moderación de contenido, enfrentamos los dilemas éticos que surgen al determinar qué contenido cruza la línea y se convierte en retórica dañina.

Al explorar la escala y la velocidad, reconocemos la necesidad de estrategias de moderación efectivas y eficientes.

Algoritmos de moderación de contenido: equilibrio entre la automatización y la supervisión humana

El capítulo profundiza en el papel de los algoritmos de moderación de contenido para identificar y abordar el discurso de odio. Examina críticamente la tensión entre confiar en sistemas automatizados y la necesidad de supervisión humana para garantizar juicios precisos. Al enfrentar los desafíos de los sesgos algorítmicos y los matices contextuales, enfrentamos el imperativo ético de equilibrar la automatización con los matices de la comprensión humana.

Al explorar los algoritmos de moderación de contenido, reconocemos las complejidades de la moderación impulsada por la tecnología.

Contexto cultural y estándares globales

El capítulo analiza el desafío de elaborar estándares de moderación que tengan en cuenta el contexto cultural y al mismo tiempo respeten los principios globales. Examina críticamente cómo las expresiones que pueden considerarse odiosas dentro de una cultura pueden verse de manera diferente dentro de otra. Al comprometernos con las complejidades de respetar diversas normas culturales y prevenir daños, enfrentamos la responsabilidad ética de navegar la tensión entre las perspectivas locales y globales.

Al explorar el contexto cultural y los estándares globales, reconocemos la importancia de la adaptabilidad en las estrategias de moderación.

Transparencia y Rendición de Cuentas

El capítulo profundiza en la importancia de la transparencia y la rendición de cuentas en las prácticas de moderación de contenido. Examina críticamente cómo las plataformas comunican sus políticas y decisiones de moderación a los usuarios. Al comprometernos con los desafíos de garantizar la coherencia y la equidad, enfrentamos los dilemas éticos que surgen cuando las plataformas desempeñan un papel en la configuración del discurso público.

Al explorar la transparencia y la rendición de cuentas, reconocemos la necesidad de apertura en las plataformas digitales.

Fomento de ecosistemas digitales saludables

"Desafíos de moderar plataformas en línea" nos obliga a confrontar la intrincada interacción entre los principios de la libertad democrática y las complejidades de regular la retórica dañina dentro del ámbito digital. A través de una exploración crítica de la escala y la velocidad, los algoritmos de moderación de contenido, el contexto cultural y los estándares globales, y la transparencia y la rendición de cuentas, obtenemos información sobre el panorama matizado donde los principios de la libre expresión se cruzan con los desafíos de fomentar un discurso digital responsable mientras se previene la propagación. de daño

A medida que navegamos por estos desafíos, reconocemos que la preservación de los valores democráticos requiere una comprensión integral de la dinámica de la moderación de contenido, junto con el compromiso de fomentar un entorno donde coexistan el comportamiento digital responsable y las estrategias de moderación efectivas.

Los titanes tecnológicos y su responsabilidad: el papel de las empresas tecnológicas en la regulación del discurso de odio

El capítulo titulado "Papel de las empresas de tecnología en la regulación del discurso de odio" profundiza en el papel complejo y en evolución de las empresas de tecnología en la configuración del discurso sobre el discurso de odio dentro de las sociedades democráticas. A través de una exploración crítica, abordamos las consideraciones éticas, los desafíos y los impactos potenciales que surgen cuando las plataformas digitales asumen la responsabilidad de moderar la retórica dañina. Al examinar la relación dinámica entre las empresas de tecnología, la libertad de expresión y la prevención de daños, navegamos por el paisaje matizado donde los principios de la libertad democrática se cruzan con las responsabilidades de los gigantes digitales.

Guardianes del discurso digital

El capítulo examina críticamente el papel de las empresas tecnológicas como guardianes del discurso digital y plataformas para la libre expresión. Se adentra en la inmensa influencia y el poder que estas empresas ejercen en la configuración de las conversaciones públicas. Al abordar las complejidades de equilibrar los principios de la libertad de expresión con el imperativo de prevenir el daño, enfrentamos los dilemas éticos que surgen cuando las entidades privadas se convierten en árbitros del discurso aceptable.

Al explorar las empresas de tecnología como guardianes, reconocemos la importancia de su impacto en el discurso moderno.

Responsabilidad Corporativa y Marcos Éticos

El capítulo profundiza en la responsabilidad corporativa de las empresas de tecnología en la creación e implementación de marcos éticos para la moderación de contenido. Examina críticamente cómo las plataformas establecen y comunican sus pautas para un discurso aceptable. Al enfrentar los desafíos de definir el discurso de odio dentro de diversos contextos culturales y globales, enfrentamos el imperativo ético de lograr un equilibrio entre el respeto de los valores democráticos y la prevención del daño.

Al explorar la responsabilidad corporativa, reconocemos la importancia de la toma de decisiones éticas en los espacios digitales.

Responsabilidad algorítmica y sesgo

El capítulo analiza el impacto de los algoritmos en las decisiones de moderación de contenido y el potencial de sesgos para perpetuar el daño. Examina críticamente cómo las decisiones algorítmicas pueden amplificar inadvertidamente ciertas voces o perpetuar el contenido discriminatorio. Al enfrentar los desafíos de garantizar la responsabilidad algorítmica y la equidad, enfrentamos el desafío ético de mitigar los sesgos y garantizar que los sistemas automatizados no fomenten inadvertidamente el discurso de odio.

Al explorar la responsabilidad algorítmica, reconocemos la necesidad de un refinamiento continuo de los sistemas de moderación.

Transparencia y Compromiso Público

El capítulo profundiza en la importancia de la transparencia y la participación pública en el papel de las empresas tecnológicas en la regulación del discurso de odio. Examina críticamente cómo las plataformas comunican sus prácticas y decisiones de moderación a los usuarios. Al comprometernos con los desafíos de fomentar el diálogo abierto y la comprensión, enfrentamos los dilemas éticos que surgen cuando las decisiones sobre el discurso aceptable se toman de una manera relativamente opaca.

Al explorar la transparencia y el compromiso público, reconocemos la importancia de la confianza y la responsabilidad en las plataformas digitales.

Navegando la responsabilidad

"El papel de las empresas de tecnología en la regulación del discurso de odio" nos obliga a confrontar la intrincada interacción entre los principios de la libertad democrática y el papel en evolución de las empresas de tecnología en la configuración del discurso en línea. A través de una exploración crítica de los guardianes del discurso digital, la responsabilidad corporativa y los marcos éticos, la responsabilidad y el sesgo algorítmicos, y la transparencia y el compromiso público, obtenemos información sobre el panorama matizado donde los principios de la libre expresión se cruzan con las responsabilidades de las empresas tecnológicas para prevenir daños. y fomentar entornos digitales saludables.

A medida que navegamos por esta responsabilidad, reconocemos que la preservación de los valores democráticos requiere una comprensión integral de la dinámica de la influencia de las empresas de tecnología, junto con el compromiso de fomentar un entorno donde coexistan el comportamiento digital responsable, la toma de decisiones éticas y la prevención de daños. .

8

Guardianes de la información - Ética de los medios y el periodismo

El capítulo titulado "Ética de los medios y el periodismo" profundiza en el papel central de los medios y el periodismo en la configuración del discurso público, particularmente en el contexto del discurso de odio dentro de las sociedades democráticas. A través de una exploración crítica, abordamos las consideraciones éticas, las responsabilidades y los desafíos que surgen cuando las organizaciones de medios se convierten en guardianes de la información y conductos para la opinión pública. Al examinar la intersección de los medios, los valores democráticos y el imperativo de prevenir daños, navegamos por el paisaje matizado donde los principios de la libre expresión se encuentran con las responsabilidades de la ética periodística.

Informar al público: un pilar democrático

El capítulo examina críticamente la importancia de los medios y el periodismo como pilares de las sociedades democráticas. Profundiza en cómo estas instituciones juegan un papel crucial en informar al público, fomentar la rendición de cuentas y formar la opinión pública. Al comprometernos con los desafíos de equilibrar los principios de la libertad de expresión con las responsabilidades de informar con precisión e imparcialidad, enfrentamos los dilemas éticos que surgen al difundir información que puede incitar al daño.

Al explorar el papel de los medios, reconocemos su impacto en el discurso democrático.

Ética en la elaboración de informes: verdad objetiva y equilibrio

El capítulo profundiza en la importancia de la ética en el periodismo, incluida la búsqueda de la verdad objetiva y el equilibrio de diversas perspectivas. Examina críticamente los desafíos de mantener la imparcialidad y evitar la amplificación del discurso de odio a través del sensacionalismo. Al comprometernos con las complejidades de informar sobre temas polémicos mientras mantenemos los estándares éticos, enfrentamos el imperativo ético de brindar una cobertura precisa y equilibrada.

Al explorar la ética en los reportajes, reconocemos la importancia del periodismo responsable en la formación de las percepciones públicas.

Control de acceso responsable: equilibrar la libertad de expresión y la prevención de daños

El capítulo analiza el papel de las organizaciones de medios como guardianes de la información y la responsabilidad de prevenir la propagación del discurso de odio. Examina críticamente el desafío de equilibrar los principios de la libertad de expresión con el imperativo de prevenir el daño y la discriminación. Al involucrarnos con las complejidades de las decisiones editoriales y su impacto potencial en la opinión pública, enfrentamos el desafío ético de fomentar un entorno mediático que respete los valores democráticos y aborde las expresiones dañinas.

Al explorar la vigilancia responsable, reconocemos el poder y la responsabilidad de los medios en la configuración del discurso.

Alfabetización mediática y participación ciudadana

El capítulo profundiza en la importancia de la alfabetización mediática y la participación ciudadana para navegar las complejidades del discurso de odio en los medios. Examina críticamente el papel de las personas en el análisis crítico del contenido de los medios, discerniendo los sesgos y promoviendo el consumo responsable. Al comprometernos con los desafíos de fomentar ciudadanos informados y comprometidos, enfrentamos los dilemas éticos que surgen cuando la alfabetización mediática se cruza con la necesidad de una información precisa e imparcial.

Al explorar la alfabetización mediática, reconocemos la importancia de un público informado y comprometido.

Dando forma al discurso democrático

"Ética de los medios y el periodismo" nos obliga a confrontar la intrincada interacción entre los principios de la libertad democrática y las responsabilidades de las organizaciones de medios en la configuración del discurso público. A través de una exploración crítica de la información al público, la ética en los informes, la vigilancia responsable y la alfabetización mediática y la participación ciudadana, obtenemos una visión del panorama matizado donde los principios de la libre expresión se cruzan con las responsabilidades de la ética periodística.

Mientras navegamos por este papel, reconocemos que la preservación de los valores democráticos requiere una comprensión integral de la dinámica de la influencia de los medios, junto con el compromiso de fomentar un entorno donde coexistan la información responsable, la ciudadanía informada y la prevención de daños.

Una brújula moral: la responsabilidad del periodismo en abordar el discurso de odio

El capítulo titulado "La responsabilidad del periodismo al abordar el discurso de odio" profundiza en el papel central del periodismo para enfrentar el tema complejo y sensible del discurso de odio dentro de las sociedades democráticas. A través de una exploración crítica, nos involucramos con las consideraciones éticas, los desafíos y los impactos potenciales que surgen cuando las organizaciones de medios asumen la responsabilidad de abordar la retórica dañina. Al examinar la intersección del periodismo, los valores democráticos y el imperativo de prevenir el daño, navegamos por el paisaje matizado donde los principios de la libertad de expresión se encuentran con las responsabilidades del periodismo responsable.

Defendiendo el Cuarto Poder: Un Pilar de la Democracia

El capítulo examina críticamente la importancia del periodismo como el cuarto poder, que desempeña un papel fundamental en la defensa de los valores democráticos. Profundiza en cómo el periodismo funciona como control del poder, fomenta la rendición de cuentas e informa al público. Al enfrentar los desafíos de mantener la integridad periodística mientras navegamos por las complejidades del discurso de odio, enfrentamos los dilemas éticos que surgen cuando las organizaciones de medios equilibran los principios de la libertad de expresión con la necesidad de prevenir daños.

Al explorar el papel del periodismo, reconocemos su impacto en el discurso democrático.

Ética de la información: verdad, imparcialidad y contexto

El capítulo profundiza en la ética de la información, enfatizando la búsqueda de la verdad, la equidad y la comprensión contextual. Examina críticamente los desafíos de informar sobre el discurso de odio evitando la amplificación y el sensacionalismo. Al comprometernos con las complejidades de presentar diversos puntos de vista manteniendo los estándares éticos, enfrentamos el imperativo ético de brindar una cobertura precisa, equilibrada y contextualmente rica.

Al explorar la ética en los reportajes, reconocemos el poder del periodismo responsable para dar forma a las percepciones públicas.

Contrarrestar el discurso de odio: exposición y confrontación

El capítulo analiza el papel del periodismo en la lucha contra el discurso de odio a través de la exposición y la confrontación. Examina críticamente cómo las organizaciones de medios pueden arrojar luz sobre la retórica dañina, desafiar los estereotipos y fomentar conversaciones críticas. Al comprometernos con los desafíos de abordar el discurso de odio sin amplificarlo inadvertidamente, enfrentamos el desafío ético de confrontar responsablemente las expresiones discriminatorias mientras mantenemos la integridad periodística.

Al explorar la lucha contra el discurso de odio, reconocemos la responsabilidad del periodismo en la lucha contra el discurso dañino.

Promoción de la inclusión: elevar las voces diversas

El capítulo profundiza en la importancia de promover la inclusión a través de la representación diversa y la elevación de las voces marginadas. Examina críticamente cómo las organizaciones de medios pueden proporcionar una plataforma para las comunidades subrepresentadas, desafiando los estereotipos y fomentando la empatía. Al comprometernos con los desafíos de dar voz a los afectados por el discurso de odio, enfrentamos los dilemas éticos que surgen cuando las organizaciones de medios navegan la tensión entre la información responsable y la amplificación de las historias de daño.

Al explorar la inclusión, reconocemos el papel del periodismo en la promoción de la cohesión social.

Dando forma al diálogo democrático

"La responsabilidad del periodismo al abordar el discurso del odio" nos obliga a confrontar la intrincada interacción entre los principios de la libertad democrática y las responsabilidades de las organizaciones de medios al enfrentar el discurso del odio. A través de una exploración crítica de la defensa del cuarto poder, la ética de la información, la lucha contra el discurso de odio y la promoción de la inclusión, obtenemos información sobre el panorama matizado donde los principios de la libre expresión se cruzan con las responsabilidades del periodismo para abordar el daño y fomentar un discurso responsable.

A medida que navegamos por esta brújula moral, reconocemos que la preservación de los valores democráticos requiere una comprensión integral de la dinámica del impacto del periodismo, junto con el compromiso de fomentar un entorno donde coexistan la información responsable, la representación diversa y la prevención de daños.

Navegación por terrenos delicados: informes sobre cuestiones delicadas sin incitar al daño

El capítulo titulado "Informar sobre temas delicados sin incitar al daño" profundiza en el intrincado y desafiante panorama del papel del periodismo en la cobertura de temas delicados, particularmente aquellos relacionados con el discurso de odio dentro de las sociedades democráticas. A través de una exploración crítica, nos involucramos con las consideraciones éticas, las responsabilidades y los impactos potenciales que surgen cuando las organizaciones de medios informan sobre temas que tienen el potencial de incitar al daño o perpetuar la discriminación. Al examinar la intersección del periodismo, la información responsable y el imperativo de prevenir daños, navegamos por el paisaje matizado donde los principios de la libre expresión se encuentran con las complejidades de la información ética.

Equilibrio entre transparencia y cautela: información responsable

El capítulo examina críticamente el desafío de equilibrar la transparencia con la cautela al informar sobre temas delicados. Profundiza en cómo las organizaciones de medios pueden proporcionar información precisa y completa, teniendo en cuenta el impacto potencial de sus informes en las personas y las comunidades. Al comprometernos con las complejidades de presentar contenido sensible de manera responsable, enfrentamos los dilemas éticos que surgen cuando los medios de comunicación navegan por la delgada línea entre informar al público y causar daño potencial.

Al explorar la transparencia y la precaución, reconocemos la importancia de las prácticas éticas de presentación de informes.

Comprensión contextual: revelando la complejidad

El capítulo profundiza en la importancia de proporcionar una comprensión contextual al informar sobre temas delicados. Examina críticamente cómo las organizaciones de medios pueden ayudar a las audiencias a comprender las complejidades y los matices de los problemas que involucran el discurso de odio y la discriminación. Al comprometernos con los desafíos de presentar información de antecedentes integral, enfrentamos el imperativo ético de brindar una visión holística que ayude a las audiencias a emitir juicios informados.

Al explorar la comprensión contextual, reconocemos el papel del periodismo en el fomento de perspectivas informadas.

Contrarrestar el daño: evitar la amplificación

El capítulo analiza el papel del periodismo en la lucha contra el daño al evitar la amplificación inadvertida de la retórica dañina. Examina críticamente cómo las organizaciones de medios pueden informar sobre el discurso de odio sin contribuir a su difusión. Al comprometernos con los desafíos de la cobertura responsable que informa y minimiza el daño, enfrentamos el desafío ético de lograr un equilibrio entre la libertad de expresión y la prevención de daños mayores.

Al explorar cómo contrarrestar el daño, reconocemos la responsabilidad del periodismo en la prevención de la difusión de contenido dañino.

Directrices éticas para la elaboración de informes: Mitigación del impacto

El capítulo profundiza en la importancia de establecer y seguir pautas éticas para la presentación de informes cuando se cubren temas delicados. Examina críticamente cómo las organizaciones de medios pueden elaborar y adherirse a los principios que guían el periodismo responsable. Al comprometernos con los desafíos de equilibrar el derecho del público a saber con el daño potencial que podría resultar de ciertas formas de cobertura, enfrentamos los dilemas éticos que surgen cuando los medios de comunicación navegan por sus responsabilidades.

Al explorar las pautas de información ética, reconocemos la necesidad de que las organizaciones de medios se hagan responsables.

Navegando por terrenos delicados

"Informar sobre temas delicados sin incitar al daño" nos obliga a confrontar la intrincada interacción entre los principios de la libertad democrática y las responsabilidades de las organizaciones de medios en la cobertura de temas delicados. A través de una exploración crítica de cómo equilibrar la transparencia y la precaución, la comprensión contextual, la lucha contra el daño y las pautas éticas para la presentación de informes, obtenemos información sobre el panorama matizado donde los principios de la libertad de expresión se cruzan con los desafíos de la presentación responsable de informes y la prevención del daño.

A medida que navegamos por este delicado terreno, reconocemos que la preservación de los valores democráticos requiere una comprensión integral de la dinámica del periodismo ético, junto con el compromiso de fomentar un entorno en el que coexista un periodismo transparente y responsable.

Uniendo brechas: el papel de los medios en la promoción del discurso inclusivo

El capítulo titulado "Papel de los medios en la promoción del discurso inclusivo" profundiza en el papel transformador y vital de los medios para fomentar un discurso público más inclusivo y empático dentro de las sociedades democráticas. A través de una exploración crítica, nos involucramos con las consideraciones éticas, las responsabilidades y los desafíos que surgen cuando las organizaciones de medios asumen la responsabilidad de cerrar las brechas y amplificar las diversas voces. Al examinar la intersección de los medios, los valores democráticos y el imperativo de contrarrestar el discurso de odio, navegamos por el paisaje matizado donde los principios de la libre expresión se encuentran con las responsabilidades de dar forma a una narrativa pública más inclusiva.

Más allá de las cámaras de eco: elevando las voces marginadas

El capítulo examina críticamente la importancia de los medios para romper las cámaras de eco y amplificar las voces de las comunidades marginadas. Profundiza en cómo las organizaciones de medios pueden proporcionar una plataforma para perspectivas subrepresentadas, desafiar los estereotipos y fomentar la empatía. Al comprometernos con los desafíos de representar experiencias diversas y evitar el tokenismo, enfrentamos los dilemas éticos que surgen cuando los medios de comunicación navegan por la tensión entre la información responsable y la promoción de la inclusión.

Al explorar el papel de los medios, reconocemos su poder para remodelar las percepciones públicas.

Fomentando la empatía: humanizando las narrativas

El capítulo profundiza en la importancia de fomentar la empatía a través de narrativas humanizadoras que arrojan luz sobre las experiencias de las personas marginadas. Examina críticamente cómo las organizaciones de medios pueden contar historias que conecten a personas de diferentes orígenes. Al comprometernos con las complejidades de presentar historias humanas sin sensacionalizar el dolor, enfrentamos el imperativo ético de crear contenido que construya puentes y fomente la comprensión.

Al explorar el fomento de la empatía, reconocemos el papel del periodismo en la promoción de la cohesión social.

Desmantelando estereotipos: desafiando ideas preconcebidas

El capítulo analiza el papel de los medios en el desmantelamiento de los estereotipos a través del desafío de las ideas preconcebidas y los sesgos. Examina críticamente cómo las organizaciones de medios pueden ofrecer representaciones matizadas y precisas de diferentes grupos, disipando mitos dañinos. Al comprometernos con los desafíos de evitar reforzar los estereotipos mientras brindamos contexto, enfrentamos el desafío ético de cuestionar de manera responsable las suposiciones mientras mantenemos la integridad periodística.

Al explorar el desmantelamiento de estereotipos, reconocemos el potencial de los medios para remodelar las narrativas sociales.

Promoviendo Diálogos Inclusivos: Facilitando Conversaciones

El capítulo profundiza en la importancia de los medios en la promoción de diálogos inclusivos al facilitar conversaciones que unen las divisiones. Examina críticamente cómo las organizaciones de medios pueden crear plataformas para el discurso civil que involucren diversas voces. Al comprometernos con los desafíos de garantizar intercambios respetuosos y amplificar discusiones productivas, enfrentamos los dilemas éticos que surgen cuando los medios de comunicación navegan por la delgada línea entre fomentar la comprensión y amplificar inadvertidamente la retórica dañina.

Al explorar la promoción de diálogos inclusivos, reconocemos el poder de los medios para crear espacios para un discurso respetuoso.

Dando forma a un discurso más inclusivo

"El papel de los medios en la promoción del discurso inclusivo" nos obliga a confrontar la intrincada interacción entre los principios de la libertad democrática y las responsabilidades de las organizaciones de medios para dar forma a una narrativa pública más inclusiva y empática. A través de una exploración crítica de elevar las voces marginadas, fomentar la empatía, desmantelar los estereotipos y promover diálogos inclusivos, obtenemos información sobre el panorama matizado donde los principios de la libre expresión se cruzan con las responsabilidades del periodismo para promover la cohesión social y contrarrestar el discurso de odio.

Mientras navegamos por este papel, reconocemos que la preservación de los valores democráticos requiere una comprensión integral de la dinámica de la influencia de los medios, junto con el compromiso de fomentar un entorno donde coexistan los informes responsables, la representación diversa y el cultivo de la empatía.

9

Iluminando Mentes - Educación y Contradiscurso

El capítulo titulado "Educación y contradiscurso" profundiza en el papel transformador de la educación y el contradiscurso para contrarrestar el discurso de odio y fomentar una cultura de tolerancia y comprensión dentro de las sociedades democráticas. A través de una exploración crítica, nos involucramos con las consideraciones éticas, las responsabilidades y los desafíos que surgen cuando las instituciones educativas y las personas asumen la responsabilidad de abordar la retórica dañina. Al examinar la intersección de la educación, los valores democráticos y el imperativo de prevenir el daño, navegamos por el paisaje matizado donde los principios de la libre expresión encuentran el potencial para un cambio positivo a través del discurso informado.

Empoderando mentes: el papel de la educación

El capítulo examina críticamente la importancia de la educación para empoderar a las personas para analizar críticamente y responder al discurso de odio. Profundiza en cómo las instituciones educativas pueden equipar a los estudiantes con las herramientas para identificar, comprender y contrarrestar la retórica dañina. Al comprometernos con los desafíos de navegar los límites entre la libertad de expresión y la prevención de daños, enfrentamos los dilemas éticos que surgen cuando la educación se convierte en un medio para fomentar un discurso responsable e informado.

Al explorar el papel de la educación, reconocemos su potencial para formar ciudadanos informados.

Contradiscurso: una voz contra el odio

El capítulo profundiza en la importancia del contradiscurso como medio para desafiar el discurso de odio y la retórica discriminatoria. Examina críticamente cómo las personas y las comunidades pueden usar sus voces para responder a expresiones dañinas y promover narrativas alternativas. Al abordar las complejidades de contrarrestar el discurso de odio sin sofocar la libre expresión, enfrentamos el imperativo ético de crear espacios para el diálogo mientras abordamos la retórica dañina.

Al explorar el contradiscurso, reconocemos el poder de la agencia individual para dar forma al discurso público.

Promoción del pensamiento crítico: análisis y contextualización

El capítulo analiza el papel de la educación en la promoción de habilidades de pensamiento crítico que permiten a las personas analizar y contextualizar el discurso de odio. Examina críticamente cómo las instituciones educativas pueden fomentar la comprensión de los contextos históricos, sociales y culturales que dan lugar a expresiones discriminatorias. Al comprometernos con los desafíos de navegar diversas perspectivas mientras enseñamos una interpretación responsable, enfrentamos el desafío ético de fomentar mentes perspicaces.

Al explorar el pensamiento crítico, reconocemos la importancia de equipar a las personas con herramientas para un discurso responsable.

Fomentando la inclusión: creando espacios seguros

El capítulo profundiza en la importancia de fomentar la inclusión dentro de los entornos educativos para contrarrestar el discurso de odio. Examina críticamente cómo las instituciones pueden crear espacios seguros para el diálogo abierto, lo que permite a las personas involucrarse con diversos puntos de vista y desafiar sus propios prejuicios. Al comprometernos con los desafíos de equilibrar la inclusión con la prevención de daños, enfrentamos los dilemas éticos que surgen cuando las instituciones educativas navegan por la delgada línea entre la libertad de expresión y un entorno de aprendizaje respetuoso.

Al explorar la inclusión, reconocemos el papel de la educación en la promoción de la empatía y la comprensión.

Iluminando Mentes para un Cambio Positivo

"Educación y contradiscurso" nos obliga a confrontar la intrincada interacción entre los principios de la libertad democrática y las responsabilidades de las instituciones educativas y los individuos en la lucha contra el discurso de odio. A través de una exploración crítica del empoderamiento de las mentes, el contra-discurso, la promoción del pensamiento crítico y el fomento de la inclusión, obtenemos información sobre el panorama matizado donde los principios de la libre expresión se cruzan con el potencial de cambio positivo a través del discurso informado.

Mientras navegamos por este camino de la ilustración, reconocemos que la preservación de los valores democráticos requiere una comprensión integral de la dinámica de la educación y el contra-discurso, junto con el compromiso de fomentar un entorno donde coexistan el discurso responsable, el análisis crítico y la prevención del daño. .

El papel de la educación en la lucha contra el discurso del odio

El capítulo titulado "El papel de la educación en la lucha contra el discurso del odio" profundiza en el poder transformador de la educación para hacer frente a la amenaza del discurso del odio en las sociedades democráticas. A través de una exploración crítica, abordamos las consideraciones éticas, las responsabilidades y los desafíos que surgen cuando las instituciones educativas asumen la responsabilidad de contrarrestar la retórica dañina. Al examinar la intersección de la educación, los valores democráticos y el imperativo de prevenir el daño, navegamos por el paisaje matizado donde los principios de la libre expresión se cruzan con el potencial para fomentar la empatía y la comprensión.

Fomentar una ciudadanía informada: el propósito de la educación

El capítulo examina críticamente el propósito de la educación en el fomento de una ciudadanía informada y responsable. Se profundiza en cómo las instituciones educativas pueden desempeñar un papel crucial en el cultivo de habilidades de pensamiento crítico, lo que permite a los estudiantes discernir entre la libre expresión y la retórica dañina. Al comprometernos con los desafíos de navegar por diversos puntos de vista mientras enseñamos una interpretación responsable, enfrentamos los dilemas éticos que surgen cuando la educación se convierte en un catalizador para un cambio social positivo.

Al explorar el papel de la educación, reconocemos su potencial para dar forma a la próxima generación de ciudadanos empáticos.

Promoción del pluralismo: fomento del diálogo

El capítulo profundiza en la importancia de promover el pluralismo y el diálogo abierto en los entornos educativos. Examina críticamente cómo las instituciones pueden crear espacios seguros para conversaciones respetuosas, lo que permite a los estudiantes participar desde diversas perspectivas. Al comprometernos con los desafíos de equilibrar la libertad de expresión con la prevención de daños, enfrentamos el imperativo ético de fomentar un entorno en el que los estudiantes puedan intercambiar ideas sin recurrir al discurso de odio.

Al explorar el pluralismo, reconocemos la importancia de equipar a los estudiantes con herramientas para un discurso respetuoso.

Enseñanza de la alfabetización mediática: Navegando el discurso digital

El capítulo analiza el papel de la educación en la enseñanza de la alfabetización mediática como medio para contrarrestar el discurso de odio en la era digital. Examina críticamente cómo las instituciones educativas pueden ayudar a los estudiantes a navegar por las complejidades de la información en línea, distinguiendo entre fuentes creíbles y contenido dañino. Al comprometernos con los desafíos de capacitar a los estudiantes para analizar críticamente el discurso digital, enfrentamos el desafío ético de prepararlos para ser ciudadanos digitales responsables.

Al explorar la alfabetización mediática, reconocemos la importancia de equipar a los estudiantes con habilidades para navegar en el ámbito digital de manera responsable.

Cultivar la empatía: comprender las perspectivas

El capítulo profundiza en la importancia de cultivar la empatía y la comprensión dentro de los entornos educativos. Examina críticamente cómo las instituciones pueden enseñar a los estudiantes a apreciar diversas perspectivas y reconocer la humanidad en los demás. Al enfrentar los desafíos de abordar los prejuicios y los estereotipos mientras fomentamos una atmósfera inclusiva, enfrentamos los dilemas éticos que surgen cuando la educación se convierte en una herramienta para derribar barreras y disipar el odio.

Al explorar la empatía, reconocemos el papel de la educación en la formación de personas compasivas.

Iluminando Mentes para un Cambio Positivo

"El papel de la educación en la lucha contra el discurso de odio" nos obliga a confrontar la intrincada interacción entre los principios de la libertad democrática y las responsabilidades de las instituciones educativas en la lucha contra el discurso de odio. A través de una exploración crítica del fomento de la ciudadanía informada, la promoción del pluralismo, la enseñanza de la alfabetización mediática y el cultivo de la empatía, obtenemos información sobre el panorama matizado donde los principios de la libre expresión se cruzan con el potencial para fomentar un cambio social positivo.

A medida que navegamos por este camino de la iluminación, reconocemos que la preservación de los valores democráticos requiere una comprensión integral de la dinámica de la educación, junto con el compromiso de fomentar un entorno donde coexistan el discurso responsable, el análisis crítico y la prevención del daño.

Navegando el panorama de la información: promoviendo el pensamiento crítico y la alfabetización mediática

El capítulo titulado "Promoción del pensamiento crítico y la alfabetización mediática" profundiza en el papel indispensable de fomentar el pensamiento crítico y la alfabetización mediática en una era inundada de información dentro de las sociedades democráticas. A través de una exploración crítica, nos involucramos con las consideraciones éticas, las responsabilidades y los desafíos que surgen cuando las personas y las instituciones priorizan el desarrollo de habilidades analíticas y la capacidad de discernir fuentes creíbles de contenido dañino. Al examinar la intersección del pensamiento crítico, la alfabetización mediática, los valores democráticos y el imperativo de prevenir daños, navegamos por el paisaje matizado donde los principios de la libre expresión se cruzan con el potencial para empoderar a las personas en la era digital.

Cultivar mentes analíticas: la necesidad del pensamiento crítico

El capítulo examina críticamente la importancia de cultivar habilidades de pensamiento crítico como base para un compromiso informado con el contenido. Profundiza en cómo se puede equipar a las personas para evaluar la información, desafiar las suposiciones y comprometerse con diversos puntos de vista. Al comprometernos con los desafíos de fomentar la mentalidad abierta mientras mantenemos el discernimiento ético, enfrentamos los dilemas éticos que surgen cuando el pensamiento crítico se convierte en una herramienta esencial para navegar por el panorama de la información.

Al explorar el papel del pensamiento crítico, reconocemos su poder para formar ciudadanos responsables.

Navegando por el ámbito digital: la importancia de la alfabetización mediática

El capítulo profundiza en la importancia de la alfabetización mediática para navegar en el ámbito digital, donde abundan los flujos de información. Examina críticamente cómo las personas pueden desarrollar las habilidades para evaluar fuentes, reconocer sesgos y distinguir entre información creíble e información errónea. Al comprometernos con los desafíos de preparar a las personas para que sean consumidores perspicaces de contenido digital, enfrentamos el imperativo ético de empoderar a los ciudadanos para que naveguen las complejidades del discurso en línea de manera responsable.

Al explorar la alfabetización mediática, reconocemos el papel de las personas informadas en la configuración del panorama digital.

Resistir la manipulación: análisis de técnicas persuasivas

El capítulo analiza el papel del pensamiento crítico y la alfabetización mediática para resistir la manipulación y las técnicas persuasivas que a menudo acompañan el discurso de odio y el contenido dañino. Examina críticamente cómo se puede entrenar a las personas para que identifiquen los atractivos emocionales, las falacias lógicas y las tácticas de manipulación. Al enfrentar los desafíos de reconocer las formas sutiles en que la retórica dañina puede infiltrarse en el discurso público, enfrentamos el desafío ético de empoderar a las personas para que se comprometan de manera crítica con el contenido que busca incitar al daño.

Al explorar la resistencia a la manipulación, reconocemos el poder de las habilidades analíticas para contrarrestar la influencia dañina.

Construyendo Ciudadanos Digitales Responsables: Uso Ético de la Información

El capítulo profundiza en la importancia de promover el uso ético de la información como parte del pensamiento crítico y la alfabetización mediática.

Examina críticamente cómo se puede guiar a las personas para que compartan, creen e interactúen de manera responsable con el contenido en la esfera digital. Al comprometernos con los desafíos de equilibrar los principios de la libertad de expresión con la prevención de daños, enfrentamos los dilemas éticos que surgen cuando las personas enfrentan sus responsabilidades en la era digital.

Al explorar la ciudadanía digital responsable, reconocemos el potencial del pensamiento crítico para dar forma a un comportamiento responsable.

Empoderando mentes para un compromiso informado

"Promover el pensamiento crítico y la alfabetización mediática" nos obliga a confrontar la intrincada interacción entre los principios de la libertad democrática y las responsabilidades de los individuos y las instituciones en el fomento de las habilidades analíticas y la alfabetización mediática. A través de una exploración crítica de cultivar el pensamiento crítico, navegar en el ámbito digital, resistir la manipulación y construir ciudadanos digitales responsables, obtenemos información sobre el panorama matizado donde los principios de la libre expresión se cruzan con el potencial para empoderar a las personas para que participen de manera responsable en la era de la información. .

A medida que navegamos por este viaje de empoderamiento, reconocemos que la preservación de los valores democráticos requiere una comprensión integral de la dinámica del pensamiento crítico y la alfabetización mediática, junto con el compromiso de fomentar un entorno donde coexistan el compromiso responsable, el discernimiento y la prevención de daños.

Más allá de las divisiones: empoderar a las personas para que respondan al odio con el diálogo

El capítulo titulado "Empoderar a las personas para responder al odio con el diálogo" profundiza en el potencial transformador del diálogo como herramienta para contrarrestar el discurso de odio y fomentar el entendimiento dentro de las sociedades democráticas. A través de una exploración crítica, nos involucramos con las consideraciones éticas, las responsabilidades y los desafíos que surgen cuando las personas adoptan el diálogo como un medio para abordar la retórica dañina. Al examinar la intersección del diálogo, los valores democráticos y el imperativo de prevenir el daño, navegamos por el paisaje matizado donde los principios de la libre expresión se cruzan con el potencial para fomentar la empatía y el compromiso constructivo.

El diálogo como puente: construir entendimiento

El capítulo examina críticamente la importancia del diálogo como puente para construir comprensión y empatía. Profundiza en cómo las personas pueden entablar conversaciones respetuosas para disipar malentendidos y contrarrestar el discurso de odio. Al enfrentar los desafíos de equilibrar los principios de la libertad de expresión con la prevención del daño a través del discurso respetuoso, enfrentamos los dilemas éticos que surgen cuando el diálogo se convierte en un medio para fomentar conexiones positivas.

Al explorar el papel del diálogo, reconocemos su poder para reparar las divisiones sociales.

Escucha y Empatía: Fomentando Conexiones

El capítulo profundiza en la importancia de la escucha activa y la empatía en el diálogo para fomentar conexiones significativas. Examina críticamente cómo las personas pueden crear espacios para conversaciones genuinas que trascienden nociones preconcebidas. Al enfrentar los desafíos de practicar la empatía mientras abordamos la retórica dañina, enfrentamos el imperativo ético de usar el diálogo como una herramienta para construir puentes en lugar de perpetuar el conflicto.

Al explorar la escucha y la empatía, reconocemos el potencial del diálogo para remodelar la dinámica interpersonal.

Navegando Desacuerdos: Compromiso Constructivo

El capítulo analiza el papel del diálogo en la navegación de los desacuerdos y la promoción de un compromiso constructivo. Examina críticamente cómo las personas pueden interactuar con diferentes puntos de vista mientras mantienen el respeto y la apertura. Al enfrentar los desafíos de entablar discusiones productivas sin caer en ataques personales, enfrentamos el desafío ético de usar el diálogo como una herramienta para el pensamiento crítico y el crecimiento mutuo.

Al explorar el compromiso constructivo, reconocemos el poder del diálogo para fomentar el crecimiento intelectual.

Contrarrestando el discurso del odio: transformando las narrativas

El capítulo profundiza en la importancia del diálogo como medio para contrarrestar el discurso de odio y transformar las narrativas dañinas. Examina críticamente cómo las personas pueden desafiar la retórica discriminatoria a través de conversaciones informadas. Al enfrentar los desafíos de enfrentar el discurso de odio mientras mantenemos un tono respetuoso, enfrentamos los dilemas éticos que surgen cuando el diálogo se convierte en un medio para abordar el daño mientras se defienden los valores democráticos.

Al explorar cómo contrarrestar el discurso de odio, reconocemos el potencial del diálogo para remodelar el discurso público.

Empoderando mentes para el cambio constructivo

"Empoderar a las personas para que respondan al odio con el diálogo" nos obliga a confrontar la intrincada interacción entre los principios de la libertad democrática y las responsabilidades de las personas para contrarrestar el discurso de odio a través del diálogo. A través de una exploración crítica del diálogo como puente, escucha y empatía, navegando por los desacuerdos y contrarrestando el discurso de odio, obtenemos información sobre el panorama matizado donde los principios de la libre expresión se cruzan con el potencial para fomentar la empatía, la comprensión y el cambio positivo.

A medida que navegamos por este camino de empoderamiento, reconocemos que la preservación de los valores democráticos requiere una comprensión integral de la dinámica del diálogo, junto con el compromiso de fomentar un entorno donde coexistan el discurso responsable, la empatía y la prevención del daño.

10

Lecciones de la realidad: estudios de casos y ejemplos del mundo real

El capítulo titulado "Estudios de casos y ejemplos del mundo real" profundiza en una exploración práctica del discurso de odio y su impacto dentro de las sociedades democráticas a través de la lente de estudios de casos del mundo real. A través de un examen crítico, nos involucramos con las consideraciones éticas, las complejidades y las consecuencias que surgen cuando el discurso de odio se cruza con la libre expresión. Al analizar instancias específicas en las que el discurso de odio ha planteado desafíos a los valores democráticos, navegamos por el paisaje matizado donde los principios de la libre expresión se cruzan con las realidades del daño y la cohesión social.

Análisis de incidentes de incitación al odio: descubrimiento de patrones

El capítulo examina críticamente los patrones y las tendencias dentro de los casos reales de discurso de odio. Profundiza en cómo se han manifestado diversas formas de retórica dañina, desde plataformas en línea hasta espacios públicos. Al enfrentarnos a los desafíos de comprender los matices del contexto y la intención, enfrentamos los dilemas éticos que surgen al diseccionar el límite entre la libertad de expresión y el discurso de odio.

Al explorar estudios de casos, reconocemos la importancia del análisis contextual para comprender el impacto del discurso de odio.

Impacto en individuos y comunidades: Consecuencias exploradas

El capítulo profundiza en el impacto del discurso de odio en las personas y las comunidades. Examina críticamente cómo la retórica dañina puede contribuir a la discriminación, la violencia y la erosión de la confianza social. Al enfrentar los desafíos de cuantificar y comprender las consecuencias multifacéticas del discurso de odio, enfrentamos el imperativo ético de abordar el daño mientras defendemos los valores democráticos.

Al explorar el impacto, reconocemos la urgencia de contrarrestar el discurso de odio para proteger a las poblaciones vulnerables.

Respuestas y contramedidas: estrategias evaluadas

El capítulo analiza las respuestas y contramedidas que se han implementado para abordar el discurso de odio en varios contextos. Examina críticamente la efectividad de los marcos legales, las iniciativas de alfabetización mediática y las campañas impulsadas por la comunidad. Al comprometernos con los desafíos de lograr un equilibrio entre la aplicación y la educación, enfrentamos el desafío ético de crear un entorno en el que la libertad de expresión coexista con la prevención del daño.

Al explorar las respuestas, reconocemos la necesidad de enfoques multifacéticos para combatir el discurso de odio.

Navegando Perspectivas Internacionales: Perspectivas Globales

El capítulo profundiza en las perspectivas internacionales al examinar los incidentes de incitación al odio y las respuestas de todo el mundo. Examina críticamente cómo los diferentes contextos culturales, legales y sociales dan forma a las manifestaciones y consecuencias del discurso de odio. Al enfrentar los desafíos de comprender diversos puntos de vista y estrategias, enfrentamos los dilemas éticos que surgen al analizar el discurso de odio a través de una lente global.

Al explorar las perspectivas internacionales, reconocemos la complejidad del discurso de odio como un fenómeno global.

Aprendiendo de la Realidad para los Valores Democráticos

"Estudios de casos y ejemplos del mundo real" nos obliga a confrontar la intrincada interacción entre los principios de la libertad democrática y las complejidades del discurso del odio en contextos prácticos. A través de una exploración crítica del análisis de los incidentes de incitación al odio, la comprensión del impacto, la evaluación de las respuestas y la navegación por las perspectivas internacionales, obtenemos información sobre el panorama matizado donde los principios de la libre expresión se cruzan con las realidades del daño y la dinámica social.

A medida que navegamos por este ámbito de la realidad, reconocemos que la preservación de los valores democráticos requiere una comprensión integral de la dinámica del discurso de odio, junto con el compromiso de fomentar un entorno donde coexistan el análisis informado, la empatía y la prevención del daño.

Ecos a través del tiempo: análisis de casos históricos y contemporáneos

El capítulo titulado "Análisis de casos históricos y contemporáneos" profundiza en una exploración profunda del discurso del odio a través de lentes históricos y contemporáneos, revelando los desafíos persistentes y la dinámica en evolución dentro de las sociedades democráticas. A través de un examen crítico, nos involucramos con las consideraciones éticas, las complejidades y las implicaciones que surgen cuando el discurso de odio se cruza con la libre expresión. Al analizar instancias específicas a lo largo de diferentes épocas, navegamos por el paisaje matizado donde los principios de la libre expresión se cruzan con las realidades del daño y el impacto social.

Contexto histórico: lecciones del pasado

El capítulo examina críticamente casos históricos de discurso de odio y su impacto duradero. Se adentra en instancias de retórica dañina a lo largo de la historia, explorando sus contextos sociales, políticos y culturales. Al abordar los desafíos de comprender la evolución del discurso de odio y su influencia en los acontecimientos históricos, enfrentamos los dilemas éticos que surgen al interpretar el pasado en el contexto de los valores presentes.

Al explorar casos históricos, reconocemos la importancia del análisis contextual para comprender las implicaciones duraderas del discurso de odio.

Formas cambiantes: el discurso del odio en la era contemporánea

El capítulo profundiza en casos contemporáneos de discurso de odio, mostrando cómo ha evolucionado con los avances tecnológicos y las normas sociales cambiantes. Examina críticamente instancias de la era digital, donde las plataformas en línea se han convertido en un terreno fértil para la retórica dañina. Al comprometernos con los desafíos de comprender los desafíos únicos que plantea el ámbito digital, enfrentamos el imperativo ético de abordar el daño mientras defendemos los valores democráticos en la era moderna.

Al explorar casos contemporáneos, reconocemos la necesidad de adaptar nuestra comprensión del discurso de odio al panorama digital.

Impacto y consecuencias: lecciones para hoy

El capítulo analiza el impacto y las consecuencias de casos históricos y contemporáneos de discurso de odio en individuos, comunidades y sociedades. Examina críticamente cómo la retórica dañina puede contribuir a la división, la violencia y la erosión de la cohesión social. Al comprometernos con los desafíos de evaluar las consecuencias de largo alcance del discurso de odio, enfrentamos el desafío ético de comprender sus implicaciones en el mundo real y tomar medidas responsables.

Al explorar el impacto, reconocemos la urgencia de contrarrestar el discurso de odio para proteger los valores democráticos.

Respuestas y progreso: Navegando por el cambio

El capítulo profundiza en las respuestas y los avances que se han logrado para abordar el discurso de odio en diferentes épocas. Examina críticamente los marcos legales, los movimientos sociales y las iniciativas que han tenido como objetivo contrarrestar la retórica dañina. Al comprometernos con los desafíos de evaluar la efectividad de diferentes estrategias, enfrentamos el desafío ético de crear una respuesta cohesiva que respete la libre expresión y prevenga el daño.

Al explorar las respuestas, reconocemos la importancia de los esfuerzos colectivos para combatir el discurso de odio.

Aprendiendo del pasado para dar forma al futuro

"Análisis de casos históricos y contemporáneos" nos obliga a confrontar la intrincada interacción entre los principios de la libertad democrática y los desafíos persistentes del discurso del odio a lo largo del tiempo. A través de una exploración crítica del contexto histórico, las formas cambiantes, el impacto y las consecuencias, y las respuestas y el progreso, obtenemos información sobre el paisaje matizado donde los principios de la libre expresión se cruzan con las complejidades del daño y la dinámica social.

A medida que navegamos por este viaje a través de la historia y la modernidad, reconocemos que la preservación de los valores democráticos requiere una comprensión integral de la dinámica del discurso de odio a través de las épocas, junto con el compromiso de fomentar un entorno donde coexistan el análisis responsable, la empatía y la prevención del daño. .

Fracturando el tejido - Impacto del discurso de odio en las sociedades y la democracia

El capítulo titulado "Impacto del discurso de odio en las sociedades y la democracia" profundiza en las consecuencias de largo alcance del discurso de odio dentro de las sociedades democráticas, explorando sus efectos corrosivos sobre la cohesión social, los valores democráticos y la estructura misma de las comunidades inclusivas. A través de una exploración crítica, nos involucramos con las consideraciones éticas, las responsabilidades y los desafíos que surgen cuando se permite que el discurso de odio florezca sin control. Al analizar el impacto multifacético del discurso de odio en varios aspectos de la sociedad, navegamos por el paisaje matizado donde los principios de la libertad de expresión se cruzan con la necesidad urgente de salvaguardar los ideales democráticos.

Erosión de la confianza social: divisiones y fragmentación

El capítulo examina críticamente cómo el discurso de odio erosiona la confianza social y la cohesión dentro de las sociedades. Se profundiza en cómo la retórica dañina fomenta divisiones en líneas de identidad, perpetuando estereotipos y prejuicios. Al enfrentar los desafíos de abordar estas divisiones respetando los principios de la libre expresión, enfrentamos los dilemas éticos que surgen cuando el discurso de odio fractura comunidades y erosiona la confianza necesaria para la convivencia democrática.

Al explorar el impacto en la confianza social, reconocemos la urgencia de contrarrestar el discurso de odio para reconstruir sociedades inclusivas.

Valores democráticos amenazantes: erosión de la democracia

El capítulo profundiza en cómo el discurso de odio representa una amenaza para los valores y las instituciones democráticas. Examina críticamente cómo la difusión de la retórica discriminatoria puede socavar los principios de igualdad, tolerancia y respeto. Al enfrentar los desafíos de proteger las libertades democráticas y al mismo tiempo prevenir la propagación de una retórica dañina, enfrentamos el imperativo ético de abordar el daño para salvaguardar los cimientos mismos de la democracia.

Al explorar el impacto en los valores democráticos, reconocemos la necesidad de equilibrar la libertad de expresión con la preservación de los ideales democráticos.

Incitar a la violencia y la discriminación: consecuencias en el mundo real

El capítulo analiza las consecuencias en el mundo real del discurso de odio, incluido su potencial para incitar a la violencia y la discriminación. Examina críticamente los casos en los que la retórica dañina ha contribuido a actos de odio e intolerancia. Al comprometernos con los desafíos de abordar el daño sin sofocar la libertad de expresión, enfrentamos el desafío ético de tomar medidas responsables para evitar que el odio se convierta en violencia.

Al explorar el impacto en las consecuencias del mundo real, reconocemos la urgencia de contrarrestar el discurso de odio para proteger a las poblaciones vulnerables.

Medios y discurso público: dando forma a la narrativa

El capítulo profundiza en cómo el discurso de odio influye en los medios y el discurso público. Examina críticamente el papel de las plataformas de medios en la amplificación de la retórica dañina y la configuración de las percepciones públicas. Al comprometernos con los desafíos de equilibrar los principios de integridad periodística y libertad de expresión, enfrentamos el dilema ético de prevenir daños mientras defendemos el papel de los medios en las sociedades democráticas.

Al explorar el impacto en los medios y el discurso, reconocemos el poder de la información responsable para contrarrestar el discurso de odio.

Defendiendo las Sociedades y los Valores Democráticos

"Impacto del discurso de odio en las sociedades y la democracia" nos obliga a confrontar la intrincada interacción entre los principios de la libertad democrática y las consecuencias del discurso de odio desenfrenado. A través de una exploración crítica de la erosión de la confianza social, la amenaza de los valores democráticos, la incitación a la violencia y la discriminación, y la configuración de los medios y el discurso, obtenemos una visión del panorama matizado donde los principios de la libre expresión se cruzan con el imperativo de proteger las sociedades y los ideales democráticos .

A medida que navegamos por esta exploración del impacto, reconocemos que la preservación de los valores democráticos requiere una comprensión integral de la dinámica de las consecuencias del discurso de odio, junto con el compromiso de fomentar un entorno donde coexistan el discurso responsable, la empatía y la prevención del daño.

Forjando un camino a seguir: lecciones aprendidas y posibles soluciones

El capítulo titulado "Lecciones aprendidas y posibles soluciones" profundiza en una exploración reflexiva de los conocimientos adquiridos en las discusiones anteriores, ofreciendo una evaluación crítica de los desafíos que plantea el discurso de odio a los valores democráticos. A través de este examen, nos involucramos con las consideraciones éticas, las responsabilidades y las posibles soluciones que surgen al confrontar el discurso de odio dentro de las sociedades democráticas. Al analizar las lecciones aprendidas de casos históricos, ejemplos del mundo real y el impacto del discurso de odio, navegamos por el paisaje matizado donde los principios de la libertad de expresión se cruzan con el imperativo de dar forma a un camino a seguir que defienda los ideales democráticos.

Aprendiendo de la historia: lecciones para hoy

El capítulo examina críticamente las lecciones aprendidas de casos históricos de discurso de odio y su relevancia en el contexto actual. Profundiza en cómo la comprensión de los patrones de la retórica dañina del pasado puede guiarnos para contrarrestar las manifestaciones contemporáneas. Al comprometernos con los desafíos de aplicar conocimientos históricos a los desafíos modernos respetando la evolución de la sociedad, enfrentamos los dilemas éticos que surgen al extraer lecciones de la historia para la acción responsable en la actualidad.

Al explorar las lecciones de la historia, reconocemos la importancia de la toma de decisiones informada para contrarrestar el discurso de odio.

Equilibrio de la libre expresión: enfoques éticos

El capítulo profundiza en la compleja tarea de equilibrar la libertad de expresión con el imperativo de prevenir daños. Examina críticamente los enfoques éticos para abordar el discurso de odio mientras se preservan los valores democráticos. Al comprometernos con los desafíos de establecer límites a la libertad de expresión sin sofocar diversos puntos de vista, enfrentamos el imperativo ético de crear un marco que permita un discurso responsable al tiempo que frena la propagación de la retórica dañina.

Al explorar enfoques éticos, reconocemos la necesidad de soluciones matizadas en las sociedades democráticas.

Fortalecimiento de los marcos legales: hacia una regulación efectiva

El capítulo analiza el papel de los marcos legales en la regulación del discurso de odio. Examina críticamente la efectividad de las regulaciones actuales y los desafíos para aplicarlas de manera consistente. Al comprometernos con los desafíos de alinear las medidas legales con los valores democráticos mientras abordamos el daño, enfrentamos el desafío ético de encontrar un equilibrio entre la protección y la libertad de expresión.

Al explorar los marcos legales, reconocemos la importancia de regulaciones sólidas para salvaguardar las sociedades democráticas.

Responsabilidad de los medios e información ética: navegando por la complejidad

El capítulo profundiza en el papel de los medios en la lucha contra el discurso de odio a través de la información responsable y el periodismo ético. Examina críticamente cómo las plataformas de medios pueden contribuir a un discurso informado mientras evitan la amplificación de una retórica dañina. Al enfrentar los desafíos de defender la integridad periodística y los valores democráticos, enfrentamos el dilema ético de encontrar un equilibrio entre informar la verdad y prevenir daños.

Al explorar la responsabilidad de los medios, reconocemos el papel vital de los medios en la configuración del discurso público.

Un camino a seguir: Navegando desafíos con valores democráticos

"Lecciones aprendidas y posibles soluciones" nos obliga a confrontar la intrincada interacción entre los principios de la libertad democrática y los desafíos que plantea el discurso del odio. A través de una exploración crítica de aprender de la historia, equilibrar la libre expresión, fortalecer los marcos legales y navegar por la responsabilidad de los medios, obtenemos información sobre el panorama matizado donde los principios de la libre expresión se cruzan con el imperativo de dar forma a soluciones que defiendan los ideales democráticos.

A medida que avanzamos por este camino, reconocemos que la preservación de los valores democráticos requiere una comprensión integral de la dinámica del discurso de odio, junto con el compromiso de fomentar un entorno donde coexistan el discurso responsable, la empatía y la prevención del daño.

Trazando un rumbo - Conclusión

El capítulo titulado "Conclusión" marca la culminación de nuestro viaje a través de las intrincadas intersecciones de la libre expresión, el discurso de odio y los valores democráticos. A través de una exploración reflexiva, reunimos los hilos de pensamiento, análisis y consideraciones éticas que han tejido el tapiz de este discurso. A medida que navegamos por las complejidades del discurso de odio dentro de las sociedades democráticas, enfrentamos los desafíos permanentes y los dilemas éticos que surgen cuando los principios de la libertad de expresión se cruzan con el imperativo de salvaguardar la cohesión social, la igualdad y el respeto.

Revisitando los ideales democráticos: un delicado equilibrio

En este capítulo final, revisamos los principios básicos de los ideales democráticos y su intrincada relación con la libertad de expresión y el discurso de odio. Examinamos críticamente los desafíos de preservar la libertad de expresar opiniones mientras se previene el daño y la discriminación. Al abordar las complejidades de lograr un equilibrio entre el diálogo abierto y el discurso responsable, enfrentamos los dilemas éticos que se encuentran en el corazón de los valores democráticos.

A través de esta exploración, reconocemos que la preservación de los valores democráticos exige una navegación consciente de las tensiones que surgen cuando las libertades individuales se cruzan con el bienestar colectivo.

Lecciones de la investigación: comprensiones matizadas

El capítulo profundiza en los conocimientos adquiridos a partir de nuestra investigación exhaustiva sobre los matices del discurso de odio y su impacto. Analizamos críticamente las lecciones aprendidas de contextos históricos, casos contemporáneos y ejemplos del mundo real. Al comprometernos con las complejidades de comprender la naturaleza multifacética del discurso de odio, enfrentamos el imperativo ético de sacar conclusiones significativas que informen la acción responsable.

Al reflexionar sobre estas lecciones, reconocemos la importancia de la toma de decisiones informada para dar forma al futuro de las sociedades democráticas.

En busca de soluciones: marcos éticos

El capítulo analiza las posibles soluciones que han surgido de nuestra exploración. Examinamos críticamente los marcos éticos, las respuestas y las contramedidas que ofrecen vías para abordar el discurso de odio mientras se defienden los valores democráticos. Al comprometernos con los desafíos de buscar soluciones que respeten los diversos puntos de vista y al mismo tiempo prevenir daños, enfrentamos el desafío ético de forjar un camino a seguir que fomente la inclusión, el diálogo y la empatía.

A través de este examen, reconocemos la necesidad de esfuerzos colaborativos para dar forma a una sociedad donde la libertad de expresión coexiste con la prevención del daño.

El viaje sin fin: defender la democracia

En el capítulo final, reconocemos que el viaje para defender los valores democráticos frente al discurso de odio es interminable. El delicado equilibrio entre la libertad de expresión y la prevención del daño requiere una reflexión continua, un compromiso crítico y un compromiso con el discurso ético. A medida que navegamos por las complejidades de la era digital, la diversidad cultural y la dinámica social en evolución, reconocemos que los principios de la democracia están arraigados en la administración responsable de nuestros espacios compartidos.

Esta exploración final reafirma que la preservación de los valores democráticos exige una conversación continua, donde los individuos, las instituciones y las sociedades se esfuerzan colectivamente por lograr un equilibrio que defienda tanto la libertad de expresión como el bienestar de todos.

El diálogo en curso: seguir adelante

Al cerrar este capítulo y este libro, reconocemos que el discurso sobre la incitación al odio y la libertad de expresión está en curso y refleja la esencia misma de los valores democráticos. Nuestro recorrido por los "Límites de la libertad de expresión: discurso de odio versus libertad democrática" nos ha permitido abordar de manera crítica las complejidades, los dilemas éticos y las posibles soluciones que surgen en la encrucijada de estos principios. A medida que el mundo continúa evolucionando, también debe hacerlo nuestra comprensión de cómo estos principios dan forma a nuestras sociedades compartidas.

Con esta conclusión, lo invitamos a tomar las ideas obtenidas de estas páginas y continuar el diálogo en sus propias exploraciones, discusiones y acciones. Porque al trazar un rumbo hacia adelante, navegamos en la búsqueda desafiante pero imperativa de fomentar ideales democráticos que reflejen la riqueza de la diversidad humana, el poder del discurso informado y la promesa de una coexistencia inclusiva.

El complejo equilibrio entre la libertad de expresión y la prevención de daños

El capítulo titulado "El complejo equilibrio entre la libertad de expresión y la prevención de daños" profundiza en la intrincada interacción entre los principios de la libre expresión y el imperativo de prevenir daños en las sociedades democráticas. A través de una exploración crítica, nos involucramos con las consideraciones éticas, las responsabilidades y los desafíos que surgen cuando estos principios se cruzan. Al analizar el delicado equilibrio que se requiere para mantener tanto la libertad de expresar opiniones como la protección de las personas y las comunidades frente a cualquier daño, navegamos por el paisaje matizado donde los valores democráticos coexisten con la prevención del daño.

Definiendo los Límites: Navegando por la Libre Expresión

El capítulo examina críticamente el concepto de libertad de expresión y sus límites dentro de las sociedades democráticas. Se profundiza en las complejidades de definir los límites del discurso mientras se defienden los principios de la democracia. Al comprometernos con los desafíos de respetar los diversos puntos de vista mientras evitamos la difusión de una retórica dañina, enfrentamos los dilemas éticos que surgen al intentar lograr un equilibrio que respete las libertades individuales y el bienestar colectivo.

Al explorar los límites de la libre expresión, reconocemos la intrincada tarea de dar forma a un discurso responsable.

El imperativo moral: prevenir el daño

El capítulo profundiza en el imperativo moral de prevenir daños en las sociedades democráticas. Examina críticamente cómo la retórica dañina puede conducir a la discriminación, la violencia y la división social. Al comprometernos con los desafíos de abordar el daño respetando los principios del diálogo abierto, enfrentamos el desafío ético de priorizar el bienestar mientras defendemos los principios de la libertad democrática.

Al explorar la prevención del daño, reconocemos la urgencia de contrarrestar el discurso de odio para proteger a las poblaciones vulnerables.

Navegando dilemas éticos: acto de equilibrio

El capítulo analiza los dilemas éticos que surgen al equilibrar la libertad de expresión con el imperativo de prevenir el daño. Examina críticamente cómo las sociedades democráticas navegan por las complejidades de abordar el discurso de odio sin sofocar diversos puntos de vista. Al comprometernos con los desafíos de defender los valores democráticos mientras protegemos a las personas y las comunidades, enfrentamos el desafío ético de crear un marco que respete tanto el discurso abierto como la prevención de daños.

Al explorar los dilemas éticos, reconocemos la necesidad de una consideración cuidadosa al diseñar políticas responsables.

La era digital: nuevas fronteras, nuevos desafíos

El capítulo profundiza en los desafíos que plantea la era digital, donde las plataformas en línea se han convertido en terreno fértil para la retórica dañina. Examina críticamente cómo el discurso de odio puede propagarse rápidamente en el ámbito digital, lo que plantea desafíos únicos para la prevención de daños. Al enfrentar los desafíos de abordar el discurso de odio en el mundo virtual respetando los principios democráticos, enfrentamos el imperativo ético de contrarrestar el daño en línea respetando la libertad de expresión.

Al explorar la era digital, reconocemos la necesidad de adaptar nuestras estrategias al panorama en evolución.

Lograr el equilibrio: un esfuerzo continuo

"El complejo equilibrio entre la libertad de expresión y la prevención de daños" nos obliga a confrontar la intrincada interacción entre los principios de la libre expresión y el imperativo de prevenir daños. A través de una exploración crítica de la definición de límites, el imperativo moral de prevenir daños, sortear dilemas éticos y los desafíos de la era digital, obtenemos información sobre el panorama matizado donde los valores democráticos se cruzan con la responsabilidad de proteger a las personas y las comunidades.

Mientras navegamos por este delicado equilibrio, reconocemos que la preservación de los valores democráticos requiere reflexión, diálogo y esfuerzos colectivos continuos para forjar una sociedad donde el discurso abierto coexiste con la prevención del daño.

Camino a seguir: Navegando el discurso del odio en las sociedades democráticas

El capítulo titulado "Path Forward: Navegando el discurso de odio en las sociedades democráticas" ofrece una exploración prospectiva de estrategias y consideraciones para abordar el discurso de odio mientras se defienden los valores democráticos. A través de un examen crítico, nos involucramos con las consideraciones éticas, las responsabilidades y los desafíos que surgen al buscar un camino a seguir para contrarrestar la retórica dañina dentro de las sociedades democráticas. Al analizar enfoques potenciales, lecciones de la historia y el papel de varias partes interesadas, navegamos por el paisaje matizado donde los principios de la libertad de expresión se cruzan con el imperativo de dar forma a un futuro que sea inclusivo, respetuoso y armonioso.

Educación y Concienciación: Fomentando el Discurso Informado

El capítulo examina críticamente el papel de la educación y la concientización en la lucha contra el discurso de odio. Profundiza en cómo fomentar el pensamiento crítico y la alfabetización mediática puede equipar a las personas para discernir entre el discurso responsable y la retórica dañina. Al comprometernos con los desafíos de promover un diálogo informado respetando los diversos puntos de vista, enfrentamos los dilemas éticos que surgen al configurar un entorno que valora la empatía y la comprensión.

Al explorar la educación y la conciencia, reconocemos el poder del conocimiento para contrarrestar el discurso de odio.

Fortalecimiento de los marcos jurídicos: garantía de la rendición de cuentas

El capítulo profundiza en la importancia de marcos legales sólidos para regular el discurso de odio. Examina críticamente el papel de la legislación en hacer que los individuos y grupos rindan cuentas por la retórica dañina. Al enfrentar los desafíos de equilibrar las medidas legales con los valores democráticos, enfrentamos el imperativo ético de prevenir daños respetando los principios de la libertad de expresión.

Al explorar los marcos legales, reconocemos la necesidad de crear una sociedad justa y responsable.

Responsabilidad de los medios: informes éticos para el progreso

El capítulo analiza la responsabilidad de los medios de comunicación en la configuración del discurso público y la lucha contra el discurso de odio. Examina críticamente el papel de las plataformas de medios en la promoción de informes éticos y narrativas informadas. Al comprometernos con los desafíos de defender la integridad periodística mientras abordamos el daño social, enfrentamos el desafío ético de fomentar medios que contribuyan a la cohesión social respetando las libertades individuales.

Al explorar la responsabilidad de los medios, reconocemos el papel fundamental de los medios en la formación de una sociedad tolerante.

Contexto Cultural y Diálogo: Construyendo Puentes

El capítulo profundiza en la importancia del contexto cultural para abordar el discurso de odio. Examina críticamente el papel del diálogo intercultural para fomentar la comprensión y mitigar la retórica dañina. Al comprometernos con los desafíos de navegar diversas normas culturales mientras evitamos el daño, enfrentamos el imperativo ético de crear espacios para conversaciones constructivas que trasciendan las fronteras.

Al explorar el contexto cultural, reconocemos la importancia de aceptar la diversidad para un futuro armonioso.

Un esfuerzo unificado: acción colaborativa

"Path Forward: Navegando el discurso del odio en las sociedades democráticas" nos obliga a confrontar la intrincada interacción entre los principios de la libre expresión y la responsabilidad colectiva de contrarrestar el discurso del odio. A través de una exploración crítica de la educación y la concientización, el fortalecimiento de los marcos legales, la responsabilidad de los medios y el contexto cultural, obtenemos información sobre el panorama matizado donde los valores democráticos coexisten con el imperativo de dar forma a un futuro libre de retórica dañina.

A medida que avanzamos por este camino, reconocemos que la preservación de los valores democráticos requiere esfuerzos de colaboración, discernimiento ético y un compromiso compartido para crear una sociedad que valore la diversidad, la empatía y la prevención del daño.

SOBRE EL AUTOR

King Rojo es un consumado escritor, investigador y defensor de los valores democráticos y el discurso informado. Con pasión por explorar las complejas intersecciones de la libertad de expresión, la ética y el bienestar social, King Rojo ha dedicado su carrera a arrojar luz sobre los desafíos y oportunidades que surgen en el ámbito del discurso de odio dentro de las sociedades democráticas.

Como ha ganado reconocimiento por sus análisis profundos y sus ideas que invitan a la reflexión sobre el delicado equilibrio entre la libertad de expresión y la prevención del daño. Su trabajo ha sido publicado en varias publicaciones de renombre, donde han profundizado en los matices de los ideales democráticos, la ética de los medios y las responsabilidades de las personas y las instituciones en la formación de sociedades inclusivas.

Más allá de sus actividades profesionales, King Rojo se compromete a fomentar el diálogo abierto, promover el pensamiento crítico y alentar el compromiso empático. Con un profundo conocimiento de las consideraciones éticas involucradas en el abordaje del discurso de odio, buscan inspirar a las personas y las comunidades a navegar por las complejidades del discurso moderno mientras defienden los valores democráticos.

"Límites de la libertad de expresión: Discurso de odio versus libertad democrática" es un testimonio del compromiso de King Rojo de fomentar conversaciones reflexivas y promover el bienestar de las sociedades democráticas. A través de este libro, invitan a los lectores a explorar los intrincados paisajes de la libre expresión, el discurso de odio y los valores democráticos, mientras recorren el camino hacia un futuro más inclusivo y armonioso.

Conéctese con King Rojo en @kingrojo947 para unirse a la conversación en curso y mantenerse informado sobre sus ideas y proyectos más recientes.

www.ingramcontent.com/pod-product-compliance
Lightning Source LLC
Chambersburg PA
CBHW070947260726
48661CB00003B/1165